Für dich

Liebe Leserinnen und Leser,
wir freuen uns, dass Sie ein Buch des Smart & Nett Verlags in Ihren Händen halten und wünschen Ihnen viel Freude beim Lesen! Unsere Bücher sind sorgfältig lektoriert, recherchiert und produziert. Dennoch kann es passieren, dass der Fehlerteufel im Detail steckt. Falls Sie also fündig werden: Kleine Fehler dürfen Sie behalten, große gerne an uns melden, damit wir sie für die nächste Auflage berichtigen können. Kommentare zu Inhalten oder Meinungsäußerungen leiten wir selbstverständlich an unsere Autoren weiter. Eine genussvolle Lesezeit wünscht Ihnen Smart & Nett!

1. Auflage März 2023

Smart & Nett Verlag, München

Veronika Peschkes und Dirk Walter GbR

Cover und Umschlaggestaltung: Smart & Nett Verlag

Illustrationen im Buch: Christiane und Katharina Martini

Lektorat und Satz: Smart & Nett Verlag

Druck: booksfactory

Printed in EU

ISBN: 978-3-946406-43-3

Auch als E-Book erhältlich

www.smart-und-nett-verlag.de

Sie finden uns auch bei:

Facebook, Twitter, Instagram und YouTube

Das Glücksbuch

Die Magie meines Lebens

Christiane & Katharina Martini

SMART & NETT

Über die Autorinnen:

Bei **Christiane** und **Katharina Martini** stehen Musik und Literatur im Mittelpunkt. Beide sind studierte Musikerinnen, beide veröffentlichten bereits Werke auf dem Gebiet der Musik, Belletristik und des Sachbuches. Das Team Mutter und Tochter ergänzt sich harmonisch in Inspiration, Organisation und Umsetzung ihrer gemeinsamen Projekte.

Christiane

Katharina

Danke Veronika und Dirk für eure Idee, aus unserem „Glücksbuch“ ein „Erlebnisbuch für alle Sinne“ zu machen. Danke an das ganze Verlagsteam, dass ihr mit sehr viel „Feintuning“ und Geduld alle „Extras“, die das Buch ausmachen, zusammengefügt habt. Danke Lara von „GURU Granola“ und Michael von „Michis Schokoatelier“, dass ihr euch für „Das Glücksbuch“ begeistert und es gemeinsam mit uns auf die Reise zu den Leser:innen schickt. Danke all denen, die unser Buch in ihren Cafés, Läden und Buchhandlungen auslegen. Danke Stephan, dass du unser Buch so aufmerksam gelesen hast.

Unser besonderer Dank gilt unserer Familie, die uns den Rücken stärkt und mit uns durch dick und dünn geht und unseren Freund:innen, die uns mit Begeisterung, Rat und Tat zur Seite stehen.

Danke euch allen!

Only for Me (Songtext)

Every week I met an old man
He asked me if I had a dream
I did not find an answer
For me he was an old romancer

I don't know
I never thought about it
I don't know
I never thought about it
I don't know

The old men had a great advice
Don't make the same mistake I did
Choose your inner voice
It's like a roadmap

Only for me
I opened my heart
Only for me
I opened my heart
Only for me
Mhh
Mhh

I believe in dreams
It's not like it firstly seems
Makes you feeling strong and powerful

Life gets good and wonderful
I believe in me
It's not like it firstly seems
Makes me feelin' strong and beautiful
Life gets magic and colorful

Some people touched my heart
We passed the magic labyrinth
Didn't know the end
We finished being happy

We found out
What people search their whole life
We found out
What people search their whole life
We found out

I believe in dreams
It's not like it firstly seems
Makes you feeling strong and powerful
Life gets good and wonderful
I believe in me
It's not like it firstly seems
Makes me feelin' strong and beautiful
Life gets magic and colorful

I'm free and happy
Everything is possible
There is no end
Open your heart and sing

Dreams come true
Dreams come true

I believe in dreams
It's not like it firstly seems
Makes you feeling strong and powerful
Life gets good and wonderful
I believe in me
It's not like it firstly seems
Makes me feelin' strong and beautiful
Life gets magic and colorful

SPOTIFY APPLE AMAZON YOUTUBE

Prolog

V*elkominn*, so sagt man in Island, wenn man sich herzlich begrüßt. Ich freue mich, dass du ein neugieriger Mensch bist und, genauso wie ich, nach Erkenntnissen suchst, die dein Leben bereichern und glücklich machen.

Als ich Mitte Juni in den Flieger nach Reykjavík stieg, ahnte ich nicht, was mich in einem kleinen Städtchen, einige Kilometer fernab der Hauptstadt Islands erwarten und mein Leben verändern würde.

Ich kannte das Land nur aus Büchern und den Erzählungen von Monsieur Georges, einem alten Herrn, den ich jeden Donnerstag in einem Seniorenheim besuchte. Ich las ihm vor und besserte damit meine Studentenkasse auf.

Monsieur Georges stammte aus einem kleinen Fischerdorf in der Normandie.

Er hatte mir viel von seiner Heimat erzählt, aber auch von fernen Ländern, die er gerne einmal bereist hätte. Er bedauerte, dass er es nicht häufiger gewagt hatte, sich auf eine Reise zu begeben.

Eines Nachmittags hatte er mir von Island vorgeschwärmt. Seine Beschreibungen der Landschaft mit ihren Vulkanen, heißen Quellen und Wasserfällen begeisterten mich und ich verriet ihm, dass ich schon länger davon träumte, eines Tages, wenn der richtige Zeitpunkt kommen würde, dorthin zu reisen.

Monsieur Georges hat mir die Reise nach Island geschenkt, zusammen mit einem kleinen Notizbuch, ich nenne es liebevoll mein »Glücksbuch«.

Ich habe in Island viel über mich gelernt. Die Begegnung mit einigen außergewöhnlichen Menschen hat mich sehr berührt und mir gezeigt, was im Leben wirklich wichtig ist. Sie hat mich gelehrt, in mein Innerstes zu horchen, meine Träume und Wünsche zu erkennen und zu leben. Nun befinde ich mich auf dem richtigen Weg.

Ich habe nach Antworten gesucht, um nachzuspüren, was das Leben für mich bereithält. Viele Fragen habe ich mir gestellt und sie aufgelistet, vielleicht möchtest auch du sie beantworten.

Von den Erkenntnissen, die ich gewonnen habe, werde ich später berichten. Nun möchte ich dir zunächst einmal von meinem schönsten Island-Erlebnis erzählen.

Kapitel 1

Wunder werden wahr, wenn wir am wenigsten damit rechnen. Warte nicht auf den perfekten Tag, öffne dich für den Moment, dann wird sich dein Wunder immer willkommen fühlen.

Zehn Wochen zuvor

Alles begann an einem Donnerstag. Ich klappte *Le petit prince* von Antoine de Saint-Exupéry zu und schaute in die erwartungsvollen Augen von Monsieur Georges.

»Florin, Sie wollen doch nicht aufhören zu lesen! Ich lausche Ihrer Stimme so gerne, sie erinnert mich an meine Kindheit.«

Ich schaute den alten Herrn an. Monsieur Georges hatte weißes, leicht gewelltes Haar und trug, wie immer, einen Pullunder.

»Ich bin nachher verabredet! Ich möchte mich noch umziehen!«

Er lächelte mich an.

»Erzählen Sie, ich bin neugierig!«

Ich zögerte.

»Wir kennen uns aus der Schule.«

Monsieur Georges blickte aus dem Fenster und schwieg.

»Florin, ist Ihre Bekanntschaft erfrischend und geistreich?«

Seine Frage verwunderte mich, aber diese Beschreibungen trafen auf Maxime zu.

»Ja.«

»Florin, darf ich Sie etwas fragen?«

Er schaute mich nun direkt an.

»Gerne.«

»Was ist die Magie Ihres Lebens?«

Langsam wiederholte ich seine Worte und dachte einen kurzen Moment über sie nach. Ich fand keine Antwort.

»Wie meinen Sie das?«, fragte ich ihn.

»Nun ...«

Monsieur Georges sah wieder aus dem Fenster.

»Was ist für Sie das Besondere im Leben? Träumen Sie von großartigen Dingen, die Ihr Leben verändern könnten und Sie zu einem glücklichen Menschen machen würden?«

» ... das Stadtleben ist schnell«, sagte ich zögerlich, »ich habe viel zu tun, zum Träumen bleibt mir nicht viel Zeit!«

Monsieur Georges schaute mich ernst an.

»Woher kommt diese Annahme, Florin?«

Ich überlegte einen Moment.

»Es ist wohl unsere Gesellschaft, sie lässt keinen Raum für Tagträume und Spielereien.«

»Florin, erlauben Sie mir, Ihnen etwas zu sagen und bitte denken Sie über meine Worte nach: Niemand, außer Ihnen selbst, entscheidet, wovon Sie träumen und was Sie glücklich macht.«

Ich schwieg und schluckte schwer.

Monsieur Georges blickte erneut aus dem Fenster. Vor seinem Zimmer stand eine alte Kastanie, sachte bewegten sich einige Blätter im Wind.

»Florin ...!«

Ich traute mich kaum, Monsieur Georges in die Augen zu sehen.

»Sie sind noch so jung, aber Sie klingen resigniert. Wie kann das sein? Auch Sie müssen einen Traum haben!«

Ich antwortete nicht. Der alte Herr hatte einen wunden Punkt angesprochen. Ich hatte einen Traum, aber meine Eltern hatten etwas anderes für mich vorgesehen.

Ich sollte Jura studieren, genau wie sie und nach dem Abschluss meines Studiums in die gemeinsame Kanzlei einsteigen. Das machte mir Angst, denn ich empfand keine Begeisterung für dieses Studium. Die Vorstellung, täglich im Büro zu sitzen, in Akten zu wühlen und mich mit den Problemen anderer Menschen zu beschäftigen, machte mir Sorgen. Aber ich fürchtete mich davor, meinem Vater in die Augen zu sehen und ihm meine Gefühle mitzuteilen.

»Florin, lassen Sie mich einen Vorschlag machen.«

Ich hob meinen Blick und schaute Monsieur Georges verunsichert an.

»Soweit ich weiß, studieren Sie.«

Ich nickte.

»Gut, das ist sehr gut.«

Seine Stimme klang zufrieden.

»Dann ist es noch nicht zu spät. Florin, Sie müssen die Magie Ihres Lebens finden. Ich möchte, dass Sie in Ihren nächsten Semesterferien nach Island fliegen. Der Enkel eines Mitbewohners lebt dort mit seiner Familie, er heißt Baltasar. Sie können bestimmt bei ihm wohnen und werden genügend Zeit zum Träumen haben.«

Mich überraschte die Überzeugung in seiner Stimme. Ich hatte schon ein paar Mal darüber nachgedacht, eine Reise nach Island zu machen. Die außergewöhnliche Landschaft und die Vielzahl der Tiere kennenzulernen, reizten mich sehr, Monsieur Georges hatte mir viel darüber erzählt. Über meine Überlegungen hatte ich mit ihm allerdings noch nicht gesprochen.

»Monsieur Georges, es erscheint Ihnen vielleicht seltsam, aber ich habe tatsächlich schon einmal überlegt, nach Island zu reisen. Das Land fasziniert mich sehr, ich habe inzwischen einige Bücher darüber gelesen. Leider kann ich mir eine Reise aber nicht leisten.«

Monsieur Georges lächelte breit.

»Dann übernehme ich die Kosten.«

Diese Antwort kam so schnell und für mich völlig unerwartet, dass ich einen Moment die Luft anhielt und ihn sprachlos anblickte. Ich dachte an meine Mutter, die dies überhaupt nicht gutheißen würde.

»Das können Sie nicht machen, unmöglich.«

»Ich würde Ihnen sehr gerne diese Reise schenken. Ich habe keine Kinder, keine Enkel. Mein Traum war es immer, in den hohen Norden zu fliegen. Tun Sie es für mich und bitte zeigen Sie mir danach Ihre Fotos und schildern Sie mir, was Sie erlebt haben. Dann wird es für mich fast so sein, als wäre ich selbst dort gewesen.«

»Monsieur Georges ...«

Ich wollte widersprechen und ihm verständlich machen, dass ich sein Angebot unmöglich annehmen konnte. Aber der alte Mann legte seine raue, faltige Hand auf meine und umfasste sie kraftvoll:

»Kein Widerspruch! Florin, ich möchte, dass Sie sich die Zeit für sich und auch ein wenig für mich nehmen.«

»Warum wollen Sie das für mich tun?«

Ich blickte in die Augen des alten Mannes, sie strahlten Wärme aus und doch war etwas Schmerzvolles in seinem Blick.

»Ich mag Sie, Florin, ich möchte, dass Sie Ihrem Traum nachspüren und eine Ahnung von der Magie des Lebens bekommen.«

Ein Hauch von Melancholie streifte sein Gesicht.

»Machen Sie nicht die gleichen Fehler, die ich in meinem Leben gemacht habe.

Träume sind etwas Wunderbares, aber sie sind noch schöner, wenn sie Wirklichkeit werden.«

Ich stand auf, ich brauchte Zeit zum Nachdenken. Außerdem wollte ich Maxime nicht warten lassen.

»Vielen Dank«, sagte ich. »Jetzt muss ich aber los, Sie wissen schon, meine Verabredung. Ich werde über Ihr besonderes Angebot nachdenken. Ich weiß das sehr zu schätzen«, ich lächelte. »Wir sehen uns dann nächsten Donnerstag.«

»Ich freue mich darauf und bitte bringen Sie Ihre Reisedaten mit, damit wir den Flug buchen können.«

Ich ging langsam zur Tür.

»Florin!«

Ich drehte mich um und schaute in zwei Augen, die mich anstrahlten. So glücklich wie jetzt, hatte ich den alten Herren selten erlebt.

»Das Ticket für den Rückflug kaufen wir erst, wenn es Zeit für Sie ist, zurückzukehren. Folgen Sie Ihrem Herzen und nutzen Sie Ihre Zeit.«

Ich nickte und verließ, nachdenklich und dankbar zugleich, Monsieur Georges.

Kapitel 2

Florins Wegweiser: Nimm dir Zeit für dich.

Befreie dich ab und an von allen äußeren Einflüssen, nimm dir Zeit für dich selbst, um neue Inspirationen und Energie zu gewinnen. Finde Liebe und Glück in deinem Inneren.

Ich schlug eine Seite des schon leicht abgegriffenen Notizbuches auf. Ich hatte es in einem kleinen Dorfladen entdeckt und mich sofort in das gute Stück verliebt.

Die weiße Seite schaute mich erwartungsvoll an.

»Heute ist es sehr kalt«, schrieb ich, »es weht ein frischer Wind.«

Ich saß in einem kleinen Kassenhäuschen, in der Nähe eines Natur-Labyrinths.

Dort hatte ich in den letzten Wochen viel Zeit mit Warten verbracht. Zeit, die ich in Worte verwandelte. Zeile um Zeile erfüllten meine Gedanken die Seiten mit Leben. Seltsamerweise hatte ich bisher keine Fotos gemacht, mein Fotoapparat hing bisher unberührt über der Stuhllehne in meinem Zimmer.

Es war noch früh und eine eher unübliche Zeit für Kunden. Doch Stefan hatte mir geraten, heute zeitig zum Labyrinth zu fahren. Er rechnete mit einer großen Gruppe Touristen.

Ich hockte, in eine Wolldecke eingepackt, auf dem alten Klappstuhl und fühlte mich wie eine Raupe in ihrem Kokon. Häufig saß ich so da, viele Stunden, ohne dass ich eine Menschenseele sah.

Mein Handy hatte ich schon nach wenigen Tagen in Baltasars kleiner Kammer, die ich im Dachgeschoss bewohnte, zurückgelassen. Es lag unter anderem daran, dass meist die Verbindung so schlecht war, dass ich nicht einmal eine Nachricht empfangen konnte.

Es waren einige Monate vergangen, seit Monsieur Georges mich nach der Magie meines Lebens gefragt hatte. Viele meiner Gedanken drehten sich seitdem um diese Frage, doch bisher hatte ich keine Antwort finden können.

Kurze Zeit nach meiner Ankunft hatte ich Stefàn kennengelernt. Er redete nicht viel, in meinem normalen und hektischen Alltag hätte ich ihn vielleicht übersehen. Doch seine ruhige und entspannte Art war mir sofort sympathisch gewesen. Wir hatten einige Stunden damit verbracht, in der Nähe des Labyrinths Bäume zu pflanzen. Schließlich hatte er mich gefragt, ob ich für einige Zeit das Kassenhäuschen seiner Touristenattraktion hüten könne.

»Du wirst finden, wonach du suchst«, hatte er gesagt. Seine Worte hatten mich aufhorchen lassen. Ich hatte ihn fragen wollen, was er damit meinte, doch er kam mir zuvor.

»Du wirst es verstehen, wenn es soweit ist!«

Ich dachte seitdem über diese Worte nach. Sollte ich mein Glück in einem kleinen Kassenhäuschen finden?

Monsieur Georges hätte mich sicherlich angelächelt und gesagt:

»Warten Sie es ab Florin, haben Sie Geduld.«

Erwartung erfüllte seit diesem Tag mein Innerstes.

Ich fühlte mich in meine Kindheit zurückversetzt, es schien wie das Warten auf den großen Tag, ein Fest wie Weihnachten. Ein solch besonderer Tag, der mir Gefühle und Erkenntnisse bescheren würde, schien mir bevorzustehen, das spürte ich genau.

Bisher hatte ich mit Monsieur Georges noch nicht wieder gesprochen. Vielleicht wartete er schon auf meinen Anruf.

Seit meiner Ankunft in Island lagen viele ungemütliche und windige Tage hinter mir. Wochen voller Regen und schlechtem Wetter. Doch seit gestern berührten immer wieder zarte Sonnenstrahlen mein Gesicht und schoben die dichte Wolkenwand beiseite.

Baltasars Familie war sehr nett. Ich war sehr dankbar für ihre Gastfreundschaft. Leider ließ die isländische Sprache, die ich kaum beherrschte, keine großartige Unterhaltung zu. Deswegen ertappte ich mich immer wieder dabei, dass ich mit mir selbst sprach.

Im Schuppen meiner Unterkunft, hatte ich ein altes Klapprad entdeckt und es notdürftig sauber geschrubbt. Es würde mir in den folgenden Wochen ein guter Begleiter werden und mich zu verschiedenen, besonderen Orten führen.

Auch jetzt lehnte es am Zaun und wartete darauf, dass ich ihm nach Feierabend die Richtung wies. Meinen heutigen Abendausflug plante ich zum Meer.

Hoffentlich würde es bis zum Abend nicht allzu kalt werden.

Gegen zehn beschloss ich, das Kassenhäuschen für eine kleine Spazierrunde zu verlassen, ich wollte mir die Beine vertreten. Meine Füße fühlten sich trotz der wärmenden Decke kalt und ein wenig steif an.

BIN GLEICH ZURÜCK – ich heftete das Schild gut sichtbar an die Außenwand des Häuschens.

Trotz der Sonnenstrahlen wehte ein eisiger Wind. Ich zog meine Regenjacke eng um meine Schultern und ging los. Vor dem Eingang des großen Labyrinths blieb ich stehen. Bisher hatte ich es noch nicht betreten, doch verspürte ich Neugierde in mir, hineinzugehen. Vielleicht hielt sich mein Glück in diesem Labyrinth versteckt.

Was verbarg sich wohl hinter den hohen Bäumen?

Am Eingang hing ein großes Schild mit den Worten: *VELKOMINN!* Sooft ich bisher vorbeispaziert war, stand Tjelvar neben dem Schild und wartete auf Besucher. Oft begleitete er einzelne Gruppen in das Labyrinth, das hatte ich von meinem Platz im Häuschen beobachtet.

Es gab Tage, an denen keine Kundschaft das Naturlabyrinth betrat und Tjelvar und ich vergeblich warteten. Doch Stefàn schien mit großem Andrang zu rechnen, wenn erst einmal das Wetter beständiger würde.

Wortlos nickte ich Tjelvar zu und ging weiter an den hohen Bäumen vorbei. Ich hatte es noch nicht geschafft, während meiner kurzen Pausen, das Labyrinth zu umrunden. Es schien unendlich groß zu sein. Auch heute ging ich nur einige Meter daran vorbei, dann blieb ich stehen und blickte zur anderen Seite.

Ich atmete ein paar Mal tief ein und aus. Vor mir erstreckte sich eine karg bewachsene Naturfläche. Ich genoss für ein paar Minuten die Ruhe und die wärmenden Sonnenstrahlen, doch dann kehrte ich wieder um. Falls Stefàn kommen sollte, wollte ich rechtzeitig zurück an meinem Platz sein.

Ich ging erneut am Eingang des Labyrinths vorüber, dieses Mal war es Tjelvar, der mir zunickte. Er sprach nie ein Wort, aber immer ruhte ein Lächeln auf seinem Gesicht.

Trotz des regnerischen Wetters der letzten Wochen hatten die Gäste das Labyrinth nie durchnässt verlassen. Es schien, als schützten die Bäume die Besucher vor Wind und Wetter. Niemand verließ das Labyrinth erschöpft oder missmutig. Nein, das Gegenteil traf zu. Auf den Gesichtern der Leute zeichnete sich immer ein Lächeln ab. Meist verweilten sie viele Stunden darin.

Einige Male hatte ich mich gefragt, ob die Besucher wohl pünktlich zur Schließung wieder herauskommen würden. Bisher waren alle, die darin verschwanden, rechtzeitig wieder aufgetaucht.

Ich sah mein Fahrrad schon von Weitem, es blitzte mir in seinem warmen Orange aufmunternd entgegen. Ich hörte leises Murmeln, war dies die Touristengruppe, die Stefán angekündigt hatte?

Eilig lief ich um die Bäume herum und stoppte erstaunt.

Ungefähr zehn Leute standen zusammengedrängt auf dem kleinen Vorplatz. Sie wirkten seltsam angespannt und schauten mich missmutig an, als sie mich erblickten.

Ein Mann mittleren Alters kam auf mich zu.

»Endlich! Wo bleiben Sie denn? Ich habe reserviert.«

Er sprach völlig selbstverständlich meine Muttersprache und schien sich gar nicht zu fragen, ob ich ihn verstand. Seit Wochen hatte ich niemanden mehr so reden hören, es klang seltsam vertraut.

Ich hatte mich in der letzten Zeit an den Singsang und den Akzent der Isländer gewöhnt. Inzwischen verstand ich ein wenig Isländisch und konnte im kleinen Dorfladen das Nötigste einkaufen. Ansonsten verständigte ich mich mit Händen und Füßen.

Ich eilte zum Eingang meines kleinen Häuschens und huschte hinein.

»Velkominn.«

Mittlerweile kamen mir diese Worte flüssig über die Lippen.

Ich reichte dem Mann zehn Eintrittskarten.

»Bitte folgen Sie dem Weg um die Bäume herum, dort wartet Tjelvar auf Sie, er wird Sie in das Labyrinth begleiten.«

Ein schwaches Lächeln trat auf das Gesicht des Mannes.

»Herzlichen Dank.«

Er tat mir leid, irgendetwas schien ihn zu bedrücken, hoffentlich würde ihn der Ausflug mit seinen Gefährten erfreuen und ablenken.

Als er sich umwandte und ging, spürte ich, dass das Labyrinth etwas Besonderes für ihn bereithielt.

Die Gruppe verschwand hinter den Bäumen.

»Maurice!«, rief eine Frau, »ich habe keinen Empfang. Stell dir das mal vor!«

Dann wurde es still, wohltuend still.

Auf einmal stand Stefàn vor mir.

»Ich möchte, dass du die Gruppe in das Labyrinth begleitest. Heute ist dein Tag, jetzt bist du an der Reihe, erkunde mit ihnen das Labyrinth. Es gibt ein paar Regeln, die du dabei zu beachten hast und der Gruppe vermitteln musst. Da sie deine Sprache sprechen, wird es keine Verständigungsprobleme geben.«

Jetzt erst bemerkte ich, dass er die ganze Zeit Isländisch mit mir sprach und ich ihn verstand, ohne nachdenken zu müssen.

»Jeder geht allein und darf nur einen Weg wählen, in der Mitte des Labyrinths werden sich alle treffen und den Ausflug dort gemeinsam beenden. Die Gruppe entscheidet, wer vorangeht. Folge ihnen! Eines musst du dir merken: Du bist nur Beobachter, du darfst nicht eingreifen und helfen.«

Ich zögerte einen Moment, denn ich hatte nicht damit gerechnet, dass heute ein besonderer Tag würde.

Dann sprang ich erfreut auf. Ich hatte genug Zeit allein verbracht, viele Gedanken gesammelt. Nun war ich bereit für ein wenig Gesellschaft.

Nimm dir Zeit für dich

Wann habe ich mir das letzte Mal Zeit für mich genommen?

Hierfür würde ich mir gerne Zeit nehmen:

In diesen Momenten fühle ich mich entspannt:

Was kann ich tun, um mich regelmäßig zu entspannen?

Dies sind meine *Zeitfresser*:

Dies nimmt mir Energie:

Dies schenkt mir Energie:

Meine größte Herausforderung ist:

Das wollte ich schon immer einmal tun:

Es wäre ein perfekter Tag für mich, wenn …

Ein Versprechen an mich selbst:

Kapitel 3

Erkenne die Bedeutung von Dingen, die dein Leben reicher und glücklicher machen.

Erst wenn etwas nicht mehr da ist, weißt du, dass es dir fehlt, wie viel es dir bedeutet und wie wichtig es für dein Leben ist.

Langsam, ohne Eile, folgte ich dem leisen Murmeln der Stimmen. Es würde ein ereignisreicher Tag werden, das spürte ich.

Die Sonne schien über die Bäume und wärmte angenehm. Mit einem Mal fühlte ich mich viel lebendiger und war erfüllt von guter Laune. *Erst wenn etwas nicht mehr da ist, weißt du, dass es dir fehlt.*

Dieses Zitat hatte ich neulich in einer Zeitung gelesen. Es war mir im Gedächtnis geblieben.

In den vergangenen Wochen, in denen ich auf die wohltuenden Sonnenstunden des Tages verzichten musste, war mir klar geworden, was dieser simple Satz für eine große Bedeutung entfalten konnte. Ich nahm mir fest vor, die Sonne und andere Dinge noch mehr und mit all meinen Sinnen wahrzunehmen und zu genießen.

In meiner Jackentasche tastete ich nach meinem Notizbuch. Vielleicht war heute der Tag, den ich die ganze Zeit herbeisehnte. All meine Erkenntnisse würde ich aufschreiben, es würde mir nichts entgehen.

Maurice blickte mich verärgert an. Seine scharfe Stimme störte die Stille.

»Tjelvar ist nicht da. Es wartet niemand auf uns! Seit Tagen freuen wir uns auf diesen Ausflug!«

Beschwichtigend blickte ich ihn an.

»Beruhigen Sie sich. Jetzt bin ich für Sie da.«

Ich ging an ihm vorbei und zu der Gruppe hinüber.

»Bitte folgen Sie mir!«

Schließlich blieb ich vor dem Eingang stehen.

»Schön, dass Sie hier sind, um das Labyrinth zu besuchen.«

Vier Frauen und sechs Männer schauten mich ungeduldig an. Ich ließ mich von ihnen nicht aus der Ruhe bringen und lächelte in die Runde.

»Sie sind in Island, einem außergewöhnlich schönen Fleckchen Erde.«

Ich hoffte, die Gruppe mit meinen Worten neugierig zu machen.

»Genießen Sie es, eine unvergessliche Zeit liegt vor Ihnen.«

Ich machte eine erwartungsvolle Pause und schaute, ob meine Worte Wirkung zeigten. Lediglich der Blick einer rothaarigen Frau, die schräg vor mir stand, hellte sich etwas auf.

»Ich mag die Landschaft! Es ist schön hier.«

»Das freut mich. Ich bin Florin, herzlich willkommen.«

Ich gab ihr die Hand und blickte sie an.

»Wie heißen Sie?«

»Anaelle!«

Sie lächelte, was ihrem Gesicht guttat und einen netten Ausdruck verlieh.

»Sie werden diesen Ort sicher alle schnell in Ihr Herz schließen. Es gibt nur wenige Regeln, die Sie befolgen müssen, wenn Sie das Labyrinth betreten:

1. Jeder von Ihnen darf nur einen Weg wählen und nicht umkehren.

2. Folgen Sie Ihrer Intuition.

3. Gehen Sie immer allein und lassen Sie sich nicht helfen.«

Ich machte eine Pause. Schweigen erfüllte die Gruppe, niemand reagierte. Hatte ich etwas Unangenehmes verkündet?

»Soll ich die Regeln noch einmal wiederholen?«

»Ich dachte, wir könnten das Labyrinth zusammen erkunden!«, beklagte sich eine Frau und sah Maurice enttäuscht an.

Er schien der Anführer der Gruppe zu sein, vermutlich hatte er die Reise organisiert.

Anaelle blickte mich verunsichert an.

»Können Sie mir erklären, was es mit den Regeln auf sich hat, Florin?«

»Ich bin überzeugt, dass Sie alles verstehen werden. Lassen Sie sich von der Einzigartigkeit unseres Labyrinths überraschen. Am Ende des Tages treffen wir uns und werden den Ausflug gemeinsam ausklingen lassen.«

»Das ist ein guter Plan.«

Anaelle wirkte erleichtert.

»Wir sind gemeinsam zur Schule gegangen, Maurice hat uns überredet, zu unserem zwanzigjährigen Jubiläum eine Reise zu unternehmen.«

»Das ist großartig, Sie werden es nicht bereuen.«

Ich lächelte geheimnisvoll und dachte an Monsieur Georges.

Die Freunde würden einen wunderbaren Tag verbringen, auch wenn ich nicht wusste, was sie im Labyrinth erwartete, spürte ich, dass es etwas in ihnen, und auch in mir, verändern würde.

Wir gingen einige Schritte voran. Angenehme Stille ruhte im Labyrinth vor uns. Ab und zu knackste es und ein leichter Wind rauschte in den Baumwipfeln.

Laute Vogelrufe ließen uns in den Himmel blicken. Ein Schwarm schwarzweißer Vögel flog vorüber.

»Das sind Trottellummen«, erklärte ich, »sie brüten an der Küste auf den Felsen. Dort schlüpfen in wenigen Wochen ihre Jungen. Sie sehen aus wie kleine Pinguine. Ihren Namen verdanken sie ihrem trotteligen Gang. Irgendwann vollführen sie einen waghalsigen Sprung von der Felswand in die Tiefe, ohne fliegen zu können. Sie schlagen wild mit den Flügeln und landen meist im Wasser. Dieser Mut ist ein Naturgesetz der Trottellummen, so wachsen sie auf. Bei diesen Tieren ist es, wie mit uns Menschen. Manchmal meint man, vor einem Abgrund zu stehen und muss den allesentscheidenden Schritt tun. Wagt man ihn, wächst man über sich hinaus.«

Ich schwieg, sah den Trottellummen nachdenklich hinterher und wunderte mich über meine Worte, die einfach so aus mir herausgekommen waren.

Was, wenn wir alle so mutig wären, wie diese kleinen Wesen?

»Ich zeige Ihnen gerne nachher den Ort an der Küste, an dem die Trottellummen brüten.«

»Gerne.«

In Anaelles Augen sah ich Freude und Neugierde zugleich.

»Lassen Sie uns nicht länger warten, ein besonderer Tag liegt vor Ihnen.«

Vor uns teilte sich der Weg in viele weitere Pfade auf.

»Wer möchte als Erstes gehen?«

Ich blickte zu Anaelle, sie stand zuvorderst, doch sie schüttelte verneinend den Kopf.

»Ich!«, sagte eine leise Frauenstimme.

Die Freunde machten Platz und ließen eine junge Frau hindurch.

»Léa«, sagte sie schüchtern und schüttelte meine Hand.

»Ich wünsche Ihnen einen schönen Tag, Léa. Für welchen Weg entscheiden Sie sich?«

Zielsicher wählte sie ihn und ging mutig darauf zu, auch wenn ihr Blick ein wenig unsicher wirkte.

Nach wenigen Schritten sah ich sie nicht mehr, fast bildete ich mir ein, dass sich der Weg hinter ihr verschloss. Doch den Freunden schien das nicht aufzufallen, sie unterhielten sich und diskutierten, wer als Nächstes an der Reihe sei.

Maurice wählte seinen Weg, auch er wurde, wie von Zauberhand verschluckt, doch wieder schien nur ich es wahrzunehmen. Die anderen verschwanden ebenfalls nach und nach in den, von ihnen gewählten, Pfaden im Labyrinth. Der verbleibende Weg war schließlich der für Anaelle.

Sie stand davor und blickte mich unsicher an.

»Ich wünsche Ihnen viel Spaß, Anaelle!«

»Danke Florin, ich bin sehr gespannt, was mich erwartet!«

Sie drehte sich um und ging langsam voran. Ich folgte ihr neugierig mit einigem Abstand.

Was würde sie erleben? Mein Herz klopfte mit einem Mal so aufgeregt, als hätte ich einen Marathonlauf absolviert.

Erkenne die Bedeutung von Dingen, die dein Leben reicher und glücklicher machen

Was macht mein Leben reicher und glücklicher?

Diese drei Werte sind für mich von großer Bedeutung:

Liebe bedeutet für mich:

Ehrlichkeit bedeutet für mich:

Vertrauen bedeutet für mich:

____________ bedeutet für mich:

____________ bedeutet für mich:

Was ist für mich im Leben von großer Bedeutung?

Was möchte ich gerne erschaffen, das für mich eine Bedeutung hat?

Diese Menschen sind für mich von Bedeutung, weil …

Familie bedeutet für mich:

Freundschaft bedeutet für mich:

Kapitel 4

Anaelles Wegweiser: Sei Du selbst.

Manchmal musst du dich trauen, wirklich »Du« zu sein, um deine inneren Wünsche und Träume erfüllen zu können.

Anaelle war nicht mehr zu sehen. Ich folgte dem Weg, der von jungen Bäumen mit frischem Grün gesäumt war. In zweiter Reihe wuchsen ältere empor und versperrten den Blick in die Umgebung. Ich konnte mir vorstellen, wie die kleinen Bäume in einigen Jahren einmal aussehen würden.

Ich ging den schmalen Pfad entlang und umrundete schließlich einen Platz, in dessen Mitte Lupinen in verschiedenen bunten Farben blühten.

Ich hielt inne und lauschte, es war unglaublich still, kaum zu glauben, dass ich mich in einem Wald befand. Von außen betrachtet hatte ich das nicht erwartet. Nun, da ich in seinem Inneren stand, überraschte mich die Pracht dieses kleinen, besonderen Ortes.

Für einen Moment schenkte ich den Lupinen meine Aufmerksamkeit und genoss die strahlenden Farben. Ich war froh, dass ich einen Augenblick lang auf dieser verwunschenen Lichtung verweilen durfte. Es war wie in einem Märchen. Von meiner Neugierde angestachelt, eilte ich wenige Minuten später beschwingten Schrittes voran.

Was hielt das Labyrinth für Anaelle, Maurice und ihre Freunde bereit? Würde auch ich Erkenntnisse erlangen, die für mein Leben von Bedeutung sein könnten?

Würde es heute einer dieser Tage werden, die man niemals vergisst?

Der Weg wurde immer schmaler, bis ich glaubte, dass er nicht mehr weiterführte, doch da blitzte ein heller Lichtfleck auf.

Meine Beine trugen mich, wie von allein, hin zu dem hellen Licht. Ich staunte, als sich eine wunderschöne, große Wiese vor mir auftat. Im Unterholz vernahm ich ein Knacksen. Ich schaute mich um. Ob mir jemand gefolgt war, so wie ich Anaelle?

Ich verspürte aber keine Angst oder Unsicherheit. Das Gegenteil war der Fall, ein Gefühl tiefen Vertrauens durchströmte mich.

In den vergangenen Wochen hatte ich gelernt, mehr auf meine Intuition zu hören. Die Tage voller Stille und innerer Verbundenheit hatten mir gutgetan. Zu Beginn meines Islandaufenthalts hatte ich versucht, nicht an mein Studium zu denken, aber in den letzten Tagen kamen mir die Erwartungen meiner Eltern immer wieder in den Sinn. Es fühlte sich nicht richtig an, in ihre Fußstapfen zu treten, aber konnte ich Menschen, die mich liebten und so viele Hoffnungen in mich setzten, enttäuschen? Bisher hatte ich keine Antwort gefunden.

Im Sonnenlicht strahlte die Wiese in verschiedenen Grüntönen. Inmitten des grünen Meeres blitzten kleine Blumen auf.

Ich erblickte Anaelle, sie war einige Meter vor mir stehengeblieben. Fast ungläubig schaute sie zum anderen Ende der großen Wiese. Ich folgte ihrem Blick und staunte, als ich eine Herde Islandpferde sah. Sie grasten ruhig. Ab und an hörte man ein Schnauben oder eines der Tiere hob den Kopf und schaute zu uns hinüber. Ich setzte mich im Schneidersitz ins Gras, lehnte mich an einen Baumstamm und beobachtete Anaelle.

Sie war einige Schritte vorangegangen und stand nun mitten auf der Wiese. Sie öffnete lächelnd ihre Arme, ein Ausdruck des Staunens ruhte auf ihrem Gesicht.

Auch ich schaute ihr staunend zu.

Schon oft hatte Anaelle von den berühmten Islandpferden gehört und heimlich davon geträumt, einmal auf einem dieser Pferde zu reiten. Sie hatte diesen Traum schon fast vergessen. Doch nun hatte sie ein Bild aus ihrer Kindheit vor Augen: Sie galoppierte auf einem Islandpferd durch hohes Gras.

Anaelle verspürte plötzliches Vertrauen, Ruhe durchströmte ihren Körper. Ein graues Pony schaute sie an, sie hatte das Gefühl, als wolle es ihr direkt ins Herz blicken. Es setzte sich langsam in Bewegung und kam direkt auf sie zu, auch die anderen Pferde schlossen sich ihm an.

Die schlauen Tiere schienen Anaelle auf die Probe stellen zu wollen und trabten im großen Bogen geschlossen an ihr vorbei.

Verschiedene Emotionen zeichneten sich währenddessen auf Anaelles Gesicht ab: Hoffnung, Erwartung, Liebe, aber auch Furcht und Einsamkeit.

Die Islandpferde versammelten sich um sie und kamen erst dicht vor ihr zum Stehen. Es sah für mich fast so aus, als betrachteten sie Anaelle als Teil ihrer Herde.

Das graue Pony kam ihr besonders nahe. Es schmiegte seinen Kopf an ihre Schulter. Anaelle schaute dem Tier unsicher in die Augen und sprach mit ihm.

Ich blickte die beiden erstaunt an, was hatte das zu bedeuten?

Warum passierte es jetzt, hier an diesem Ort und in diesem Moment?

Schon seit ihrer Kindheit hatte Anaelle sich nichts sehnlicher gewünscht als Reiten zu lernen. Sie hatte viel über Pferde gelesen, Wildpferde hatten sie besonders gefesselt. Bis heute hatte sich ihr Wunsch nicht erfüllt. Sie war mit vier Geschwistern aufgewachsen, die immer bevorzugt wurden. Heute sollte es aber nur um sie gehen.

Anaelles Gedanken überschlugen sich, sie verspürte den inneren und tiefen Wunsch, sich auf das graue Pony zu setzen und auf ihm über die Wiese zu reiten. Konnte sie es wagen, obwohl sie etwas Vergleichbares nie zuvor getan hatte und nur aus ihren Büchern wusste, wie es ging? Sollte sie mutig sein und ihrem Herzen folgen, das rief: »Jetzt ist der richtige Zeitpunkt da, lass deinen Traum Wirklichkeit werden.«

Das graue Pony stupste Anaelle liebevoll gegen die Schulter und schaute sie aufmunternd an, so, als wollte es sagen:

Ich bin bereit, trau dich, jetzt ist der richtige Moment gekommen, heute darfst du nur für dich entscheiden, du musst auf niemanden Rücksicht nehmen. Es ist dein Tag.

Ich seufzte, gab es auch einen Tag für mich? Ich spürte Ungeduld in mir aufsteigen.

Sanft hob nun Anaelle ihre Hand und strich dem Pony über den Kopf, ihr Blick war liebevoll und zärtlich. Vorsichtig näherte sie sich ihm noch ein wenig, dann nahm sie, für mich völlig unerwartet, Schwung, gelangte geschickt auf den Rücken des Ponys und umarmte seinen Hals. Das Pony blieb still stehen und ließ Anaelle gewähren. Nur seine Ohren bewegten sich aufmerksam und lauschten Worten, die sie ihm zuflüsterte. Zu gerne hätte ich gewusst, was sie sagte. Das Pony schnaubte sanft, so als würde es sie verstehen und setzte sich langsam in Bewegung.

Anaelle jauchzte vor Freude, gleichzeitig liefen ihr Tränen über die Wangen.

Dieser Moment hatte etwas Magisches für mich. Etwas, das ich zuvor so noch nicht erlebt hatte. Ich schloss die Augen und nahm Anaelles Glücksmoment tief in mich auf.

Anaelle war glücklich, dieses Erlebnis würde sie nie vergessen.

Zum ersten Mal hatte sie auf ihr Herz gehört.
Zum ersten Mal hatte sie für sich entschieden.

Zum ersten Mal hatte sie sich an erste Stelle gestellt.

Ich erhob mich und klopfte mir ein wenig Moos von der Hose. Dieser Zauber gehörte Anaelle und ich wollte, dass sie ihn noch ein wenig für sich allein und in Ruhe genoss.

In Gedanken versunken folgte ich dem Weg zurück und blieb erstaunt an einer Weggabelung stehen, dort befand sich ein Schild, das ich auf dem Hinweg nicht gesehen hatte.

DEIN WEG ZUM MUT, stand da.

Ich wendete mich noch einmal um und erhaschte einen letzten Blick von Anaelle. Sie sah so ausgelassen fröhlich aus.

»Erfülle auch du dir deinen Traum«, hörte ich Monsieur Georges sagen.

Nachdenklich folgte ich dem nächsten Wegweiser.

Sei Du selbst

Das liebe ich an mir:

Das sind meine Stärken:

Das sind meine Talente:

Das sind meine persönlichen Glücksmomente:

Hier fühle ich mich wohl:

Hierfür würde ich gerne meinen Mut aufbringen:

Das habe ich mich noch nie getraut:

Dort möchte ich hinreisen:

Das wollte ich schon immer einmal tun:

Das schenkt mir Vertrauen, weil …

Zu diesem Tier hätte / habe ich Vertrauen, weil …

Wenn ich Folgendes verändere, wird es mit gut gehen:

Das möchte ich gerne erreichen:

Das möchte ich gerne lernen:

Kapitel 5

Louis Wegweiser: Wage den nächsten Schritt.

Manchmal denkst du, dass du vor einer unlösbaren Aufgabe stehst, dabei bedarf es nur eines kleinen Schrittes, der dich der Lösung näherbringt, du musst nur wagen, ihn zu gehen.

Noch immer war ich erfüllt von Anaelles überschwänglicher Freude. Ich dachte über sie nach. Wie konnte es sein, dass sie in ihrer Familie immer zu kurz kam und nicht wagte, auch einmal nur an sich zu denken? Wieso hatte Anaelle so lange einen Traum mit sich herumgetragen, ohne ihn sich zu erfüllen?

In meine Gedanken versunken, ging ich den Weg entlang, den mir der Wegweiser gezeigt hatte, hier war es kalt und unangenehm düster. Ich warf einen sehnsüchtigen Blick zurück in die Helligkeit. Mit jedem Schritt, den ich voranging, wurde sie zu einem grauen Schleier, bis sie sich schließlich hinter einem blickdichten Vorhang verbarg. Auch vor mir war es fast dunkel. Gerne wäre ich umgekehrt, doch meine Füße trugen mich zuverlässig weiter in den Weg hinein. Neugierde spornte mich an. Nach einigen Metern stillen Fußmarsches sah ich eine Gestalt vor mir laufen. Es war Louis.

Zunächst erweckte er den Eindruck, als würde er motiviert und schnell voranschreiten, fast marschieren, doch auf einmal verlangsamte er seine Schritte. War auch ihm die Dunkelheit unangenehm?

Er blieb stehen.

Ich spähte in die Ferne. Warum setzte er seinen Weg nicht fort?

Jetzt sah ich, was es war. Vor Louis befand sich eine dichte Blätterwand. Ratlos schaute er sie an. Ich erinnerte mich an Stefans Worte: »Du darfst nur zusehen, nicht eingreifen, nicht helfen.«

Ich setzte mich im Dämmerlicht auf einen Baumstumpf, der am Wegesrand stand. Was würde Louis tun? Gab es vielleicht einen Weg um die Efeuwand herum?

Er wischte sich über das Gesicht, ich sah, dass seine Schläfen feucht glänzten, er schien zu schwitzen und sah sich mit einem Ausdruck großer Unsicherheit um. Seine Stirn zeigte eine tiefe Furche. Die Situation, in der er sich befand, die Hürde der Blätterwand, schien unüberwindbar für ihn zu sein. Er fuhr sich grob und hektisch durch die Haare.

Ein Käuzchen rief, dann noch eines, aber Louis schien sie nicht wahrzunehmen. Es gab nur ihn und die verschlossene Efeuwand.

Mit beiden Händen griff er nun beherzt hinein und rüttelte kraftvoll, wie an einem Gitter, an ihr. Sie bewegte sich jedoch kaum. Louis ging einige Meter in beide Richtungen und suchte nach einem Spalt, durch den er hindurchschlüpfen oder an der Seite vorbeigehen konnte. Doch auch dieser Versuch scheiterte, die grüne Wand schien endlos breit zu sein. Hektisch tigerte er vor ihr auf und ab.

Er erinnerte mich an ein Raubtier, das in seinem Käfig gefangen war.

»Louis könnte den Weg zurückgehen«, überlegte ich. Doch was hielt ihn davon ab? Warum tat er das nicht? War da etwas in ihm, das ihm sagte, dass es kein Zurück gab?

Ich konnte Louis Gesicht von der Seite sehen, seine Wangen waren stark gerötet und auf seinem Hals zeichneten sich rote Flecken ab.

Plötzlich hielt er inne und schaute sich die Efeuwand noch einmal aufmerksam, fast besonnen, an.

Spürte er einen Ausweg aus seinem Dilemma? Langsam hob er die Hand und griff in die Tiefe der grünen Wand.

Dann passierte Unglaubliches:

Er zog an einem Efeustrang und rippelte eine Efeumasche nach der anderen auf, sein Gesicht begann sich zu entspannen.

Nun lächelte und pfiff er sogar.

Wie von Wunderhand öffnete sich allmählich die grüne Wand. Auf einmal stoppte Louis in seiner Bewegung und betrachtete das Loch, das sich vor ihm auftat.

Er hätte sofort hindurchschlüpfen und davonstürmen können, doch das tat er nicht. Louis schien überwältigt, dass sich die Hürde so einfach überwinden ließ, er öffnete die Arme und drehte sich einmal im Kreis herum. Sein Gesicht war noch immer gerötet, aber der Ausdruck zeigte großen Stolz.

Ich erklärte mir sein Verhalten damit, dass er vielleicht bisher vor schwierigen Situationen aufgegeben hatte, spätestens in diesem Moment schien er zu spüren, dass es möglich war, Hürden zu überwinden und dass es einfache, naheliegende Lösungen gab, sie hinter sich zu lassen.

Die Natur hatte Louis gezeigt, dass nur ein wenig Mut und Durchhaltevermögen nötig waren, um Ziele zu erreichen und dass ihm Flügel wachsen konnten, um unangenehme Situationen zu meistern.

Alltagserlebnisse, zu wenig Zeit für sich und angespannte Verhältnisse in seiner Familie hatten Louis eingeengt. Er hatte keine Möglichkeit gefunden, sich aus seinem Hamsterrad zu befreien.

Von nun an würde er sich Aufgaben stellen, Davonrennen war Vergangenheit. Er hatte wieder Vertrauen gefunden und darüber war er sehr froh und erleichtert.

Louis fühlte sich in diesem Moment mutig. Er war so erfüllt von diesem guten Gefühl, dass er spontan einen Sprung durch das geöffnete Loch im Efeu machte und mit einem Jubelschrei davonrannte.

Ich blickte ihm hinterher, nach wenigen Metern war er nicht mehr zu sehen.

Meine Freude für Louis war mächtig. Beschwingt erhob ich mich von meinem Platz und folgte ihm durch das Efeuloch.

Der Weg dahinter war dunkel wie zuvor. Ich schaute mich um, niemand war da, kein Mensch, kein Tier. Langsam ging ich voran. Mein Blick wanderte wachsam von rechts nach links. Mir war unbehaglich zumute.

Aber wovor fürchtete ich mich?

Musste ich mich überhaupt fürchten?

Noch immer war niemand zu sehen.

Ich begann, mit mir zu reden:

»Habe Vertrauen, mache einen Schritt nach dem anderen.«

Meine Stimme hörte sich merkwürdig dumpf an. Der Wald verschluckte jegliches Geräusch, ich versuchte meine Sinne zu schärfen. Auf einmal glaubte ich, jedes noch so kleine Steinchen, jede Unebenheit des Bodens unter meinen Füßen zu spüren. Noch nie war ich mit solch einer Aufmerksamkeit einen Weg entlanggegangen. Plötzlich spürte ich Wind in meinem Gesicht, ein Käuzchen rief, vor mir erhob sich ein zwitschernder Schwarm Vögel aus einem Gebüsch.

»Ich bin nicht allein«, stellte ich erfreut fest. All die Waldtiere hatten sich nur im Verborgenen gehalten.

Für kurze Zeit war mir so mulmig zumute gewesen, dass ich meinen Atem angehalten hatte. Nun gab ich einen erleichterten Stoßseufzer von mir und setzte frohgemut einen Fuß vor den anderen. Ich nahm mir vor, bei nächster Gelegenheit mein Notizbuch hervorzuholen, um die Erlebnisse von Anaelle und Louis aufzuschreiben. Eine Erkenntnis hatte ich bisher auf jeden Fall für mich gewonnen: Träume zu haben ist etwas ganz Besonderes, doch erst, wer sich bewusst auf den Weg begibt, um sich diese zu erfüllen, wird das Glück spüren, dass dieser Weg und die Erfüllung mit sich bringen.

Monsieur Georges würde mich bestimmt anlächeln und sagen: »Sehen Sie Florin, es ist gut, dass nicht nur Anaelle, sondern auch Sie diesen Weg gegangen sind.«

Ich dachte an meinen Fotoapparat, der unberührt über meiner Stuhllehne hing. Jetzt hätte ich ihn gerne bei mir gehabt.

Wage den nächsten Schritt

Nach welchen Lösungen suche ich gerade?

Was spornt mich an, Lösungen zu finden?

Wer kann mir helfen?

Was hilft mir, Vertrauen zu finden?

Ich möchte mutig sein, weil …

Hierbei sind mir Flügel gewachsen:

Ich habe einen Jubelschrei ausgestoßen, weil …

Hierfür möchte ich über mich hinauswachsen:

Kapitel 6

Claires Wegweiser: Nimm dich an, wie du bist!

Du bist wundervoll und wunderschön, du bist einzigartig. Es gibt niemanden, der genauso ist wie du, du bist etwas Besonderes. Wenn du dich das nächste Mal im Spiegel anschaust, schenke dir ein Lächeln!

Die Dunkelheit lichtete sich allmählich, der Weg führte mich zurück in die vom hellen Sonnenlicht erstrahlte Natur. Ich schlenderte vorbei an blühenden Sträuchern und genoss die Farbenpracht und den angenehmen Duft, den sie verströmten. Mein Blick wanderte über die Landschaft hinweg und erfasste Claire, sie kam aus einem schmalen Pfad heraus und bog in den nächsten Weg ein. Ich folgte ihr. Sie sah für einen Ausflug ungewöhnlich schick aus, sie trug ein enges Kostüm und dazu hohe Schuhe, die es ihr nicht ermöglichten, große Schritte zu machen.

Elegant und vorsichtig setzte sie einen Fuß vor den anderen, immer wieder blieb sie stehen, um ihre Frisur zu richten. Nun zog sie einen Spiegel aus ihrer Handtasche, im gleichen Augenblick wehte ihr der Wind ungestüm die Haare ins Gesicht, sie wendete sich um und ging ein paar Schritte rückwärts. Plötzlich blieb sie nachdenklich stehen, ihr Gesichtsausdruck hellte sich auf. Konnte es sein, dass sie darüber nachdachte, weiter rückwärtszugehen? Sie schaute erneut in den Spiegel, der für sie nun die Wirkung eines Rückspiegels hatte, sie konnte genau sehen, was hinter ihr vor sich ging. Ihr Gesichtsausdruck zeigte

Triumph, entschlossen ging sie rückwärts. Die ersten Meter funktionierte das sehr gut, doch auf einmal hatte Claire nur noch Augen für sich.

Sie lächelte sich an, sie schien sich zu gefallen. Schritt für Schritt ging sie rückwärts weiter. Sie bemerkte nicht, dass sie schräg vom Weg abkam und direkt auf einen Graben zusteuerte.

Ich ließ mich auf einen Stein sinken, der am Wegesrand lag.

»Ich soll nur zuschauen, nicht eingreifen«, ermahnte ich mich.

Dann passierte es, mit einem Schrei der Überraschung stürzte Claire hinterrücks in den Wassergraben, in dem unzählige Seerosen schwammen. Schrecken zeichnete sich auf ihrem Gesicht ab, während sie fiel. Der Spiegel glitt ihr aus der Hand und fiel im hohen Bogen ins Wasser. Ebenso durchbrach ihre Handtasche mit einem lauten Platschen die Wasseroberfläche.

Nur wenige Sekunden später tauchte Claire wieder auf, schnaufend und prustend. Ihre gestylte Frisur war zerstört, die Haare klebten ihr am Kopf. Die Schminke hinterließ Schlieren, als habe sie geweint, doch Claires Augen leuchteten. Vergessen war die künstliche Fassade, hinter der sie sich seit vielen Jahren versteckte, weil man sie in der Schule, wegen ihres natürlichen Aussehens, als langweilig bezeichnet hatte.

Claire erinnerte mich an eine Wassernymphe - ob ein Wassermann herbeieilen würde, um sie zu retten?

Ich wartete.

Niemand kam, Claire brauchte aber auch keinen Retter. Statt zu fluchen und sich über ihre Schusseligkeit zu ärgern, lachte sie los. Immer wieder tauchte sie unter und wischte sich die Reste der Schminke ab. Sie schien sich im Element Wasser sehr wohlzufühlen. Ihre Schuhe kamen nacheinander an die Wasseroberfläche, sie warf sie übermütig und im hohen Bogen ans Ufer. Auch ihre Tasche, die auf sie zuschwamm, schmiss sie hinterher. Dann kam der kleine Taschenspiegel. Sie nahm ihn zur Hand und schaute hinein.

Sekunden vergingen.

Da kitzelte ein Lächeln ihre Mundwinkel. Sie wischte sich die letzte Schminke ab und warf den Spiegel, wie ein Frisbee, auf die Wiese, dann griff sie nach einer Seerosenblüte, steckte sie sich in die nassen Haare und schwamm mit glücklicher Miene durch den Seerosengraben.

Ich war erstaunt, dass Claire keinen Tobsuchtsanfall bekam und sehr froh, dass ihre Maskerade gefallen und eine Naturschönheit mit Humor, die über sich lachen konnte, aufgetaucht war.

In diesem Moment musste ich an meine Schulfreundin Hanna denken, das Mädchen mit den roten Haaren und den vielen Sommersprossen. Eines Nachmitttags hatte ich beobachtet, wie sie sich, gemeinsam mit ihrer Freundin, Lurche auf das Gesicht legte, in der Hoffnung, dass davon ihre Sommersprossen verschwinden würden. Hanna hatte das irgendwo gelesen, zum Glück stimmte es nicht, ich war sehr froh gewesen, dass es nicht geklappt hatte, denn ich mochte die vielen lustigen Punkte, sie hatten Hannas Gesicht etwas Außergewöhnliches verliehen.

Ich stand auf und überquerte eine Brücke, die über den Wassergraben hinwegführte.

Claire hatte ihr Kostüm inzwischen an den Rand des Grabens über einen Ast zum Trocknen gehängt. Im Wasser befand sich ein großer Stein, darauf hatte sie Platz genommen und genoss nun die wärmenden Sonnenstrahlen.

Sie hatte die Augen geschlossen und wirkte entspannt.

Ich war mir sicher, dass sie von nun an zeigen würde, wer die wirkliche Claire war.

Der Weg schlängelte sich durch hohes Schilfgras, das sachte im zarten Wind schaukelte. Ich mochte das einlullende, feine Pfeifen, mit seinem gleichmäßigen Rhythmus. Langsam schritt ich voran und dachte an Hanna. Wie mochte sie wohl heute aussehen?

Ich wurde aus meinen Gedanken gerissen, denn auf einmal hörte ich in der Entfernung Wasser rauschen.

Nimm dich an, wie du bist!

Ich finde mich wunderschön, weil …

Bin ich immer liebevoll zu mir?

Hier könnte ich liebevoller zu mir sein:

Das macht mich einzigartig:

Ich bin besonders, weil …

Über diese schusselige Situation konnte ich lachen:

Diese Charaktereigenschaft schätze ich besonders an mir:

Dies sind meine Talente:

Kapitel 7

Julies Wegweiser: Lass dein Herz entscheiden.

Treffe deine Entscheidungen mit dem Herzen, es gibt kein Richtig oder Falsch. Dein Herz weiß, was gut für dich ist.

Der Weg durchs Schilf führte mich an einen wunderschönen See. Die Sonne funkelte und spiegelte sich darin, ein leichter Wind ließ seine Wasseroberfläche sachte kräuseln.

Ich entschied mich, ein wenig auszuruhen und das Glitzern der Sonne auf dem Wasser zu genießen. Ich nahm auf einer Bank Platz und schaute auf den See hinaus, er schien sich ins Unendliche zu erstrecken. Die Weite war grandios, in diesem Moment fühlte ich mich frei.

Ich schloss die Augen und genoss den Wind, der meinen Nacken kitzelte, ein leises Rascheln ließ mich aufblicken, nur wenige Meter vor mir stand Julie.

Sie war leger mit Jeans und einem weißen T-Shirt gekleidet, ich mochte diesen Style und ihren Kurzhaarschnitt. Julie hatte eine sympathische, ruhige Ausstrahlung, dennoch wirkte sie gleichzeitig ernst und rätselhaft verschlossen.

Ich konnte keine Regung bei ihr sehen, auch ihre Augen leuchteten nicht, was mich sehr verwunderte. Sah sie denn das bezaubernde Glitzern nicht? Sie drehte sich unschlüssig um, womöglich überlegte sie, welchen Weg sie wählen sollte. Da war aber kein anderer Weg. Hinter uns war nur Schilf. Den Weg, aus dem sie gekommen war, konnte man nicht mehr ausmachen. Etwas in Julies Blick machte mich neugierig. Es war ein Zögern. Sie wendete sich wieder um und blickte erneut aufs Wasser. Wie tief mochte der See wohl sein?

Julie krempelte ihre Hosenbeine bis zum Knie nach oben und tauchte vorsichtig einen Fuß ins Wasser. Einen Moment hielt sie inne, dann watete sie langsam ein Stück in den See hinein.

Ihr Blick war konzentriert nach vorn gerichtet, ihre Schultern, die sie zuvor verkrampft nach oben gezogen hatte, entspannten sich langsam. Sie atmete ein paar Mal ein und aus und schloss die Augen. Allmählich stieg das Wasser bis zu ihren Knien an. Julie schien dies nicht zu bemerken, sie stand nur da und atmete in tiefen Zügen ein und aus.

»Nicht eingreifen!«, hörte ich Stefans Ermahnung.

Als Julie nun die Augen öffnete, reichte ihr das Wasser fast bis zu den Oberschenkeln. Sie schaute sich erstaunt um. Für kurze Zeit schien sie an einem fernen Ort gewesen zu sein, vielleicht war sie in einen Zustand der Meditation versunken gewesen. Ich sah in Julies Blick erneute Unsicherheit aufsteigen. Doch da bemerkte sie ganz in ihrer Nähe einige Steinplatten, die auf der Wasseroberfläche schwammen und einen Weg über das Wasser bildeten. Zielstrebig watete sie darauf zu und prüfte mit beiden Händen, ob sie versanken, aber das taten sie seltsamerweise nicht.

Entschlossen stemmte sich Julie auf eine der Platten und setzte sich darauf. Sie schaukelte etwas hin und her, sonst passierte nichts. Erleichtert schnaufte sie aus und erhob sich.

Ich entdeckte ein Lächeln auf ihrem Gesicht. Zuerst zaghaft, kaum erkennbar, aber dann sah sie richtig glücklich aus. Die Hosen klebten an ihren Beinen, aber das schien sie nicht zu stören.

Ihr Blick schweifte umher, doch auf einmal hielt sie inne und fixierte etwas. Ich reckte meinen Hals, um zu erkennen, wonach sie Ausschau hielt und bemerkte eine kleine Insel, zu der sie hinüberschaute. Die Steinplatten führten direkt dorthin.

Julie schaute mit konzentriertem Blick auf die nächste Platte. Sie wagte einen beherzten, großen Schritt und kam etwas wackelig darauf zum Stehen. Die dann folgende Platte schien ein wenig weiter entfernt zu liegen, Julie ließ sich davon aber nicht beirren. Sie holte Schwung und machte einen mutigen Sprung darauf, geschickt kam sie ins Gleichgewicht.

Erfreut beobachtete ich, wie Julie die passende Technik fand, um die Steinplatten rasch und sicher zu überqueren. Es spritzten immer wieder kleine Wasserfontänen hinauf, weil sich auf den Steinen Pfützen bildeten. Sie fand einen sicheren Rhythmus und sprang mutig von Stein zu Stein. Ich hatte sie schon fast aus den Augen verloren, da hörte ich ihren Jubelschrei. Neugierig erhob ich mich. Julie hatte wieder festen Boden unter den Füßen, drehte sich glücklich um ihre eigene Achse und führte einen Freudentanz auf.

Julie war überglücklich, dass sie ihr Ziel erreicht hatte. In ihrer alltäglichen Arbeit war sie häufig angespannt, denn sie fürchtete sich davor, Fehler zu machen und Fehlentscheidungen zu treffen.

Früher war sie sehr zielstrebig gewesen, doch im Laufe der Jahre hatte sie die Freude und Leichtigkeit für Aufgaben und Erledigungen, die an sie herangetragen wurden, verloren.

Zu oft hatte sie Misserfolge erlebt.

Zu oft hatte sie gedacht, sie sei nicht gut genug, in dem, was sie tat.

Zu oft hatte sie geglaubt, die anderen wären besser.

Nun hatte sie gesehen, dass sie mit Leichtigkeit den richtigen Weg finden konnte.

Sie konnte alles schaffen, sie musste nur ihr Ziel genau vor Augen haben und dafür brauchte sie Vertrauen und Geduld.

Dieses Vertrauen hatte sie seit Langem verloren, es in irgendeiner Ecke versteckt und schon gar nicht mehr gewusst, wie es sich anfühlte.

Gewiss würde sie wieder mehr auf ihre Intuition hören, denn diese war ganz eindeutig der Auslöser für ihren spontanen Ausflug über das Wasser gewesen.

Auch wenn ein Ziel ihr einmal weit weg erscheinen würde, ein Pfad, auch wenn er noch so klein und unscheinbar wäre, würde ihr bestimmt eine Richtung weisen. Sie musste nur darauf vertrauen, dass sie ihn finden würde.

Julie spürte, dass sie bereit war, wieder mutig zu sein, nicht zu lange zu zögern und zu ihren Entscheidungen zu stehen.

Ich erinnerte mich an einen Spruch, der zu ihrer Situation passte:

Traue dich Dinge zu tun, die dir eigentlich zu
groß, zu schwer oder gar unerreichbar erscheinen.
Gehe sie an. Bringe den nötigen Mut auf und
wachse über dich hinaus.

Ich beobachtete Julie noch einen Moment. Sie tanzte ausgelassen am Ufer entlang. Ihre Freude steckte mich an, ich sprang hoch in die Luft und gab einen lauten Jauchzer von mir.

»Danke Monsieur Georges, dass ich hier sein darf«, rief ich. »Danke!«

Mit einem vorsichtigen Griff drückte ich die Schilfrohre auseinander, ich erkannte den Einschlupf und folgte dem Weg zurück. Ich war neugierig auf den nächsten Wegweiser und die Entdeckung einer neuen Erkenntnis.

Ob auch einer der Wegweiser für mich vorgesehen war?

Lass dein Herz entscheiden

Das liegt mir am Herzen:

Dieser Mensch liegt mir am Herzen, weil …

Das ist mein Herzensthema:

Ich möchte einen Freudentanz aufführen, wenn …

Dieser Mensch würde mein Herz erobern, weil …

Hierbei spüre ich Freude und Leichtigkeit …

Spontanität könnte für mich bedeuten, dass …

Durch eine kurze Meditation könnte ich mehr meinem Herzen folgen, damit …

Kapitel 8

Philippes Wegweiser: Bleibe dir treu.

Du hast einen Kindheitstraum? Verliere ihn nicht aus den Augen, erfülle ihn dir.

In einiger Entfernung hörte ich lautes Lachen, ich lauschte, es war die Stimme eines Mannes. Neugierig folgte ich dem Geräusch auf dem unebenen Pfad. Auf einmal öffnete sich vor mir ein riesiges Erdbeerfeld. Ich schaute mich um und entdeckte Philippe. Ich konnte mir ein Grinsen nicht verkneifen, er hockte mitten im Feld und stopfte sich, wie ein Kind, die saftigen Früchte in den Mund. Eine Mischung aus Genuss und Gier konnte ich in seinem Gesicht sehen. Es schien nur ihn und die Erdbeeren zu geben. Auf seinem Oberteil blitzten neben roter eine Vielzahl blauer Flecken. Zuvor hatte er wohl hemmungslos und reichlich Blaubeeren oder Brombeeren verspeist.

Neugierig umrundete ich das Feld und stand nun schräg hinter Philippe. Ich konnte den Aufdruck auf der Rückseite seines Oberteils lesen: »Restaurant zur goldenen Makro Küche[1]«.

Philippe war Koch, Chefkoch, aber was hatte seine überschäumende Lust an Früchten zu bedeuten? Warum stopfte er sie sich unbeherrscht in den Mund und hatte so eine kindliche Freude dabei?

Philippe hatte schon lange in seiner Makro Küche keine frischen Zutaten mehr serviert. Dabei schmeckten sie doch am besten, wenn sie direkt aus der Natur kamen. In Philippes

[1]Makro Küche steht als Abkürzung für Molekularküche

Küche erstellte man Rezepte in komplizierten Formeln mit chemischen Vorgängen. Diese Food-Kreationen wurden entsprechend künstlich erschaffen, Kochen, im üblichen Sinn, gab es dabei nicht. Was bei dieser Art des Zubereitens vollends entfiel, war das Schmecken frischen Gemüses, üppiger Kräuter und saftigen Obstes.

Viel zu lange schon hatte Philippe nicht mehr auf die gute, alte Art und Weise gekocht und Zutaten gekostet. Die Erkenntnis, wie lecker frische Früchte schmeckten, berührte ihn tief und ließ seine Emotionen überschäumen, denn er verspürte schon seit einiger Zeit Angst, seinen natürlichen Geschmackssinn zu verlieren.

In den letzten Jahren hatte er vergessen, warum er Koch geworden war. Er hatte seine Vision verloren. Die Zubereitung frischer Zutaten, das Kreieren neuer Rezepte und der Wunsch, Menschen mit seinen Kochkünsten zufrieden oder vielleicht sogar glücklich zu machen, hatten ihn dazu bewogen.

In Kontakt mit der Makro Küche war er durch einen Freund gekommen. Er war nun schon seit einigen Jahren ein chemischer Koch.

Aber was war das für ein Wandel! Philippe begriff in diesem Moment, dass sich die Makro Küche für ihn schon lange nicht mehr richtig anfühlte.

Er hatte eine Abzweigung in seinem Leben genommen und sich nie auf den Rückweg begeben. Erst jetzt, während er dort saß und die frischen, echten Früchte aß, vollführte er eine hundertachtzig Grad Wendung und sprintete seinen Weg ein ganzes Stück zurück zu seinem Traum und dem ursprünglichen Grund, warum er Koch geworden war. Er spürte, dass es sehr gut ohne Künstlichkeit, Laborausrüstung und andere Hilfsmittel ging. Es war ein Wunder, direkt aus der Natur zu ernten und zu essen. Wie hatte er das nur vergessen können.

Philippe erhob sich mit einem Leuchten im Gesicht, ging auf einen Stachelbeerbusch zu und kostete auch von diesen reifen Früchten. Ebenso ließ er sich saftige Johannisbeeren in den

Mund gleiten. Er schmatzte dabei glücklich und genüsslich. Die Beeren hinterließen weitere Spritzer in seinem Gesicht und auf seinem T-Shirt, aber er beachtete sie gar nicht. Für ihn stand fest, dass er in die Makro Küche nicht zurückkehren würde. Philippe war froh, dass er den Sinn und den Geschmack für das Echte wiederentdeckt hatte und daran würde er festhalten.

Ich hatte mich an einen Baum gelehnt und Philippe zugeschaut. Eine tiefe Erinnerung stieg in mir auf: Als kleiner Junge, saß ich gerne im Kirschbaum meiner Tante. Die Kirschen waren süß gewesen, wir hatten sie als Ohrringe übergehängt und sie uns dutzendweise schmecken lassen. Ich konnte mich genau an ihren herrlichen Duft erinnern. Wir hatten wie kleine Ferkelchen ausgesehen und trotz aller Ermahnungen Wasser getrunken. Die Folge war Bauchweh, aber das war uns egal gewesen, das hatte dazugehört. Manche Hose hatte ich mit Kirschflecken beschmutzt, die nicht mehr herausgegangen waren. Aber meine Mutter hatte nie darüber geschimpft, eine Strafpredigt war immer ausgeblieben. Einmal hatte sie allerdings die Stirn gekräuselt und mich seufzend angeblickt, von diesem Tag an war ich vorsichtiger geworden. Ich schaute erneut zu Philippe, er konnte nicht mit dem Lächeln aufhören.

Manchmal braucht es wohl solch ein Erlebnis, um sich zu erinnern, welcher Traum uns durch unsere Kindheit begleitet hat. Philippe hatte nur eine Erinnerung benötigt, um zu merken, dass er von seinem Weg abgekommen war. Ich sah noch genau den Tag meines zehnten Geburtstages vor mir, als mir mein Vater ein kleines Päckchen überreichte. Darin verborgen war mein erster Fotoapparat. Was mein Vater damit auslösen würde, hatte er nicht ahnen können, er hätte ihn mir sonst, mit größter Wahrscheinlichkeit, nicht geschenkt.

Ich ging nachdenklich zu einer Erdbeerpflanze, pflückte eine Beere ab und steckte sie mir in den Mund. Sie schmeckte wunderbar nach Kindheit. Ich aß eine Weitere und noch eine und schloss meine Augen.

Gerne wäre ich noch ein bisschen auf dem Erdbeerfeld geblieben, aber ich spürte, dass es Zeit war, zu sehen, welcher Weg sich noch bereithielt. Ich drehte mich um und ließ Philippe mit seinem Glücksgefühl allein.

Bleibe dir treu

Das war mein Kindheitstraum:

Kindheit bedeutet für mich:

Hierbei habe ich das letzte Mal meine Kindheit geschmeckt:

Dieser Duft erinnert mich an meine Kindheit:

Diese Eigenschaft an mir liebe ich und möchte sie nie verlieren:

Das habe ich lange nicht gemacht und vermisse es:

Das wünsche ich mir, weil …

Kapitel 9

Hugos Wegweiser: Befreie dich …

Manchmal merken wir, dass wir eine Mauer um uns herum errichtet haben. Nimm jeden Stein einzeln in die Hand. Lass los, was dich blockiert. Du wirst merken, wie frei und unbeschwert du dich nach und nach fühlen wirst.

Eine innere Woge des Erstaunens erfasste mich. Dieses Labyrinth schien magisch zu sein. Magisch war für diesen wundervollen Ort die perfekte Bezeichnung, denn ein unsichtbarer Zauber hatte Philippe, Julie, Claire und Anaelle zum Kern ihrer selbst zurückgeführt. Und auch in mir hatte es viel bewirkt.

Ich dachte über die wunderschönen Naturplätze des Labyrinths nach, die ich bisher gesehen hatte. Die Natur hatte mir vor Augen geführt, dass in einer Vielzahl von kleinen Momenten *Leben* entsteht und sich entfaltet und wir nie den Blick für sie verlieren dürfen.

Wenn der Herbst den Sommer erobert, es kalt, karg und winterlich wird, fällt es mir jedes Mal schwer, mir vorzustellen, dass der Frühling wieder erwachen wird.

Durch Anaelle und die anderen wurde mir bewusst, dass es auch in unserem Leben Phasen und Momente gibt, in denen wir wieder aufblühen, uns weiterentwickeln und neue Kraft und Energie schöpfen.

Ich beschloss, die Natur noch mehr zu beobachten, auf ihre Hinweise zu achten und mich achtsam durch das wunderschöne Labyrinth zu bewegen. Ich hatte Julies und Philippes glückliches Gesicht, Anaelles zufriedenes Lächeln, ihre Jubelrufe und das freudige und zugleich hysterische Lachen von Claire vor Augen. Ich war gespannt, welche Überraschungen und Erlebnisse mein weiterer Ausflug durch das Labyrinth bereithielt.

Langsam ging ich den Weg entlang.

Versteckt zwischen einigen Ästen, hatte ich den Wegweiser: BEFREIE DICH ... entdeckt und war neugierig in Richtung des Pfeiles gegangen.

Hugo hatte diesen Weg gewählt, ich sah ihn in einiger Entfernung. Er machte einen hektischen und zugleich genervten Eindruck auf mich. Immer wieder starrte er auf sein Handy und stieß Flüche aus. In seiner Hand baumelten Kopfhörer, anscheinend hatte er Musik gehört.

Ich näherte mich ihm langsam.

»So ein Mist.«

Wie konnte er an diesem friedlichen Ort fluchen? Und warum war er durch das Handy derart abgelenkt? Es schien eine außerordentlich große Bedeutung für ihn zu haben und eine mächtige Anziehungskraft auszuüben.

Hugo schaute nicht nach rechts oder links, nur auf das Display seines Gerätes. Er sah nicht die Flamingos, die elegant über die Wiese spazierten, auch nahm er nicht den knallbunten Papagei wahr, der in einem Baum am Wegesrand saß und bemerkte nicht die Kaninchen, die um einen Baumstamm herumtollten. Er hatte nur eines im Blick, sein Handy.

Hugo bewegte sich hektisch, übersah das Schild: BETRETEN AUF EIGENE GEFAHR und kam vom eigentlichen Weg ab.

Ich folgte ihm.

Steine türmten sich am Rand auf, sie wurden größer und felsiger, je weiter Hugo ging. Die eben noch grüne Weite zeigte sich hier von einer ganz anderen Seite, sie war grau-braun und karg.

Außer Hugo und mir war keine Menschen- oder Tierseele zu sehen. Er stoppte nun, setzte sich auf einen Felsbrocken und starrte ins Leere. Unbewegt saß er einen Moment dort, sein Gesichtsausdruck sah frustriert, verärgert und genervt aus.

Ich blieb stehen, denn ich hörte ein Geräusch. Da schoss plötzlich, direkt vor Hugo, eine Wasserfontäne in den Himmel. Es entfuhr ihm ein gellender Schrei, er hielt schützend die Arme über den Kopf, dabei glitt ihm das Handy aus der Hand und fiel platschend in den Sumpf, der vor ihm auf einer großen Fläche vor Hitze waberte.

Genauso gespenstisch und überraschend, wie die Fontäne losgeschossen war, verschwand sie. Hugo schaute verstört seinem Handy, das langsam im matschigen Morast versank, hinterher.

Er fluchte laut, denn er realisierte, dass es verloren war. Er sprang wütend auf und trat mit dem Fuß gegen den Felsbrocken. Doch dieser blieb still und unbeeindruckt liegen. Er stieß eine ärgerliche Schimpftirade aus, setzte sich zurück auf den Felsen und vergrub sein Gesicht in den Händen.

Er hatte sich in den letzten Wochen in die virtuelle Welt geflüchtet und den Bezug zur Außenwelt gänzlich verloren. Auslöser war ein Streit mit seiner Freundin gewesen, er hatte Angst, sie zu verlieren. Nun spürte er, dass er nicht mehr hatte einschätzen können, was Fiktion oder Realität war.

Er saß eine ganze Weile so da, dann hob er auf einmal langsam den Kopf an und schaute sich erstaunt um. Ich wusste, warum er so verwundert aussah, es waren zauberhaft-zarte Naturgeräusche, die er hörte: Den Wind, der die Gräser erhaschte, die zwischen den Felsbrocken wuchsen, sachte hin und her wehten und fröhlich an den Steinen raschelten, geheimnisvolles Blubbern im Sumpf, die schmalen Blätter eines Busches, die sanft knisterten und Zweige eines mächtigen Baumes, die übermütig im Wind wogten.

Überall rauschte es, die Natur schien ein Geheimnis mitteilen zu wollen und sprühte voll frischer Lebensenergie.

»Wahnsinn«, entfuhr es Hugo. Auf einmal war er hellwach. »Das ist eine … Natur-Sinfonie.«

Begeistert streckte er die Arme empor. Für mich sah es in diesem Moment so aus, als wolle er die Natur dirigieren.

Hugo erhob sich und schaute sich ehrfürchtig um, dann ging er langsam an mir vorbei und zu dem Weg zurück, von dem er abgekommen war.

Auch ich erhob mich und folgte ihm, Schritt für Schritt, begleitet von bezaubernden Naturklängen. Hugo kam an die Weggabelung, die ihn zu der Fläche mit den Flamingos führte. Als er sie erreichte, sah ich Erstaunen auf seinem Gesicht und eine Träne, die ihm über die Wange lief.

Es waren Freudentränen, Hugo spürte, dass er viel zu lange der virtuellen Welt seine Aufmerksamkeit geschenkt und deswegen so viel übersehen und überhört hatte. Doch nun erkannte er, dass das Leben auch für ihn so viel Schönes bereithielt. Er musste es nur schaffen, im Hier und Jetzt zu leben.

Mir wurde bewusst, dass ich, meiner Intuition folgend, das Richtige gemacht hatte, denn ich hatte mein Handy in den letzten Wochen beiseitegelegt und versucht, die Zeit der Ruhe zu genießen.

Befreie dich

Was blockiert mich und warum:

Habe ich eine Schutzmauer aufgebaut? Wenn ja, warum?

Diese Belastung möchte ich ablegen:

Diese Angst möchte ich überwinden:

Von diesen alltäglichen Situationen lasse ich mich in Zukunft nicht mehr nerven:

Es wird mich nicht mehr frustrieren, wenn …

Diese hektischen Alltagssituationen versuche ich
in Zukunft mit mehr Ruhe zu meistern:

In diesen Momenten benutze ich mein Handy sehr viel, weil …

Ich nehme mir eine handyfreie Zeit, am …

Das lässt mich aufblühen, weil …

Daraus schöpfe ich Kraft und Energie:

Ich versuche bewusster im Hier und Jetzt zu leben, dazu …

Kapitel 10

Pierres Wegweiser: Aus der Farblosigkeit hinaus ...

Befreie dich aus deinem Tunnelblick. Die Welt ist wunderschön und strahlt in bunten Farben. Schränke dich nicht ein, lass deinen Blick wandern und du wirst dich frei fühlen für neue Inspirationen.

Ich ließ Hugo hinter mir und bog in einen Weg nach links ein. Weiße, flauschige Wolken überzogen den Himmel. Sie waren untypisch für Island. Häufig hatte ich in den letzten Wochen Wolken beobachtet. So weich und samtig wie heute, waren sie mir nie erschienen. Aufmerksam schaute ich mich um, da sah ich einen flinken Hasen, der im nächsten Weg verschwand und Pierre, der in einiger Entfernung den Weg entlang ging. Ich fragte mich, was ich wohl an seiner Seite entdecken würde.

Mit gesenktem Kopf ging er vor sich hin, für das Wolken-Phänomen zeigte er keinerlei Interesse.

Ich nahm an, dass er es gar nicht wahrgenommen hatte.

Pierres Gang wirkte schlaksig, ich fand, dass ihm eine gewisse Körperspannung fehlte. Obwohl er noch gar nicht alt war, wirkte er nicht jung und dynamisch. Irgendeine Last beschwerte seine Schultern, das konnte ich deutlich sehen. Ich überlegte, was wohl mit ihm los war.

Pierre war dunkel gekleidet, mit einer schwarzen Hose und einem schwarzen Oberteil.

Woher kam diese Dunkelheit?

War es dunkel in seinem Leben?

Oder war es nur Ausdruck seines Kleidungsstils?

Ich hatte vorhin zufällig von einem seiner Freunde gehört, dass Pierre Webdesigner war. Hatte sein Kleidungsstil etwas mit seinem Beruf zu tun?

Wir kamen zu einem Mohnblumenfeld. Ich war von der Farbenpracht überwältigt, doch Pierre schenkte dem außergewöhnlichen Anblick keine Beachtung. Uninteressiert ging er daran vorbei. Ich seufzte, gerne wäre ich stehengeblieben, um die Blumenpracht einen Moment lang zu genießen. In Gedanken machte ich für Monsieur Georges ein Foto, es wäre ein wunderschönes Foto geworden.

Ich hätte es aus verschiedenen Perspektiven gemacht.

Ich hätte …

Ich schob den Gedanken beiseite und folgte Pierre, denn ich wollte wissen, welche Erkenntnis das Labyrinth für ihn bereithielt.

Wir erreichten einen Wiesenstreifen mit unzähligen Sonnenblumen. Voller Lebensenergie streckten sie ihre Köpfe dem Himmel entgegen. Es schien, als wollten sie von Pierre gesehen werden. Doch er war nicht wie Van Gogh, der Sonnenblumen liebte und mit besonderen Gelbtönen auf einer Leinwand mit dynamischen Strichen festhielt, ihre Anmut und warmen Farben ließen ihn kalt. Ebenso ungerührt ließ er ein Feld mit weißen Margeriten links liegen.

Sah er die Schönheit der Blumenfelder wirklich nicht? Oder war es ein bewusstes Übersehen?

Wir waren eine Weile gegangen, ohne eine Pause zu machen. Pierre marschierte nun geradewegs auf ein Feld mit Schafen zu.

Würde ihn vielleicht ihr freudiges Geblöke aus der Starre befreien?

So war es leider nicht! Pierre schaute nicht einmal auf, er nahm sie gar nicht wahr.

Enttäuscht schluckte ich.

Was brauchte es, um Pierre wachzurütteln?

Je weiter er den Weg voranschritt, desto dunkler wurde es auf einmal. Der Himmel verfinsterte sich immer mehr, aber Pierre bemerkte es nicht. In der Entfernung fing es an zu regnen, ich sah genau die Schlieren, die aus den Wolken wischten. Ein Donner grollte, die Sonne war hinter uns und vor uns regnete es. Vielleicht würde dies der perfekte Moment für einen Regenbogen werden.

Ich erinnerte mich, dass mich einmal ein doppelter Regenbogen, da war ich noch ein Kind gewesen, wundersam überrascht hatte.

Für Kinder ist die Welt so vielseitig und bunt, genauso wie ein schöner Regenbogen, der sich von Horizont zu Horizont erstreckt und in schillernden Farben leuchtet.

Was war mit Pierre los? Würde auch ihn ein Regenbogen an seine Kindheit erinnern?

Er marschierte nur wenige Schritte weiter, da erstrahlte ein farbenprächtiger Regenbogen vor uns, so als wolle er hier und jetzt, nur für Pierre, seine ganze Schönheit zeigen.

Aber Pierre schaute nicht auf.

Jedoch stolperte er in diesem Moment über einen Stein, geriet ins Straucheln und verhinderte gerade noch, mit einer wedelnden Armbewegung, einen Sturz. Zum ersten Mal auf seinem Weg hob er den Kopf und seinen Blick. Mit geöffnetem Mund blieb er stehen, denn er sah den Regenbogen. Er verharrte, ohne jegliche Regung. Minutenlang bewegte er sich nicht. Ich sah, wie er ergriffen schluckte. Auf einmal hob er einen Arm, so als wollte er über die Farben streichen, sie fühlen. Pierres Gesichtsausdruck entspannte sich.

Für Pierre war der Beruf in den letzten Wochen in den Hintergrund getreten, er verlor einen, ihm sehr nahestehenden, Freund. Die Farben waren seit diesem schrecklichen Ereignis aus seinem Leben gewichen. Die Trauer hatte ihn so ergriffen, dass er darüber seine eigene Lebensfreude verlor. Schon länger hatte er die Welt nicht mehr in ihrer Farbenpracht wahrgenommen. Aber sein Blick veränderte sich nun mit jeder Sekunde, die er dastand. Seine Augen funkelten begeistert, genau wie bei einem kleinen Jungen, der ein langersehntes Geschenk bekommt.

Pierre begann nicht, wie Claire oder Anaelle, zu lachen und zu jauchzen. Er setzte sich aufrecht auf einen großen Stein am Wegesrand, schaute den Himmel leer und all die Farben erfüllten sein Innerstes. Ohne, dass er ausgelassen war, sah und spürte ich die große Erfüllung und Zufriedenheit, die ihn durchströmte. Dieser Moment gehörte Pierre.

Pierre fühlte sich seit langem etwas erleichtert, er seufzte und schloss die Augen. Der Schmerz über den Tod seines Freundes hatte ihn blockiert, doch der Anblick des Regenbogens rüttelte ihn wach und schenkte ihm neue Energie. Pierre hatte das Gefühl, wieder Inspiration zu finden, die Traurigkeit in sich annehmen zu können und sein Innerstes mit neuem Leben zu füllen.

Er erinnerte sich, dass er früher gerne in der Natur gewesen war und sie ihn häufig beglückt hatte. Er beschloss, seinen Arbeitstisch bei seiner Rückkehr ans Fenster zu stellen, dann würde er die große Buche im Blick haben und könnte die Sonne beobachten, wenn sie am Abend unterging. Das würde seiner Kreativität bestimmt sehr guttun und sein Innerstes wieder mit Wärme füllen.

Ich bedauerte in dieser Situation nicht, meinen Fotoapparat zurückgelassen zu haben, denn dies war ein Moment, den ich mir in meinem Herzen aufbewahren wollte.

Aus der Dunkelheit hinaus

Das möchte ich tun, um wieder unbeschwert lachen zu können:

Dies sind die Ursachen, warum ich manchmal glaube,
mich in der Dunkelheit zu befinden:

Von dieser Last, die mich beschwert, möchte ich mich lösen:

Diese Momente schenken mir Helligkeit:

Diese dunklen Momente möchte ich ab jetzt in Helligkeit sehen:

Die Welt strahlt für mich, wenn …

Dies ist mein Lieblingsort:

In Gegenwart dieser Menschen erscheint
die Welt immer ein bisschen heller:

Ich bin voller Lebensenergie, wenn ich …

Kapitel 11

Maurice Wegweiser: Vergiss ab und zu deine Probleme und tanze im Regen!

Vertrauen ist der Schlüssel zu deinem Glück. Wenn du vertraust, wird das Leben dir schenken, was du dir sehnlichst wünscht!

Ich ging über ein breites Stück Wiese hinweg, sprang über einen schmalen Graben und kam zu einem Weg, der mit vielen Kieselsteinen belegt war. Da hörte ich jemanden, jenseits einer breiten Hecke, laut schimpfen. Ich dachte an Maurice, konnte er das sein? Ich überlegte, wie er wohl dorthin gelangt war und was er bisher auf seinem Weg erlebt hatte.

Alle anderen hatten im Labyrinth eine Leichtigkeit des Seins und ausgelassene Fröhlichkeit gewonnen, die dieser Person, die dort die Flüche regelrecht ausspuckte, noch nicht vergönnt war.

Ich ging ein paar Schritte und erblickte tatsächlich Maurice. Nun verstand ich, warum er sich so aufregte, er war von oben bis unten mit Matsch bespritzt. Sein Weg war mit zahlreichen Pfützen versehen, die er überspringen musste, um voranzukommen. Drumherum gehen ging nicht, denn dort wuchsen dichte Brombeerhecken. Maurice war wohl nicht immer weit genug gesprungen und in den Pfützen gelandet.

Ich sah mir die Abfolge der Pfützen an, zu Beginn des Weges waren sie recht nah beieinander, mit ausreichend Schwung hatte Maurice über sie hinwegspringen können. Der Abstand der Pfützen wurde jedoch immer geringer und der Anlaufweg immer kürzer. Über die letzte Pfütze war er nicht hinweggekommen, sondern mittendrin gelandet.

Maurice betrachtete stinksauer seine Anzughose, er versuchte die Flecken abzuwischen, dabei verteilte sich der Schmutz auf dem Stoff jedoch noch mehr.

Maurice war Geschäftsmann und gewohnt, eine Abteilung zu leiten und seine Mitarbeiter zu führen. Deshalb war es für ihn selbstverständlich gewesen, auch seine Freundesgruppe anzuführen. In seiner Firma hatte er einen Chauffeur, der ihn überall hinfuhr, im Labyrinth gab es aber niemanden, der das tat, Maurice musste zu Fuß gehen.

Er krempelte seine Hosenbeine nach oben, um durch die Pfützen hindurchzuwaten. Bei der folgenden Pfütze sank er jedoch bis zu den Knien ein, er hatte nicht damit gerechnet, dass sie so tief sein könnte. Eine Fluchfontäne ergoss sich aus ihm. Neugierig lauschte ich, denn Maurice war sehr kreativ in seiner Wortwahl. Die meisten der Flüche hatte ich nie zuvor gehört. Er schaute sich um, aber der Weg zurück war keine Alternative. Vielleicht hoffte er, dass da jemand war, der ihn Huckepack über die Pfützen hinwegtragen würde. Womöglich hatte er sich einen angemessenen Betrag für diese Aufgabe überlegt, denn an Geld mangelte es Maurice nicht.

Außer mir war da aber kein anderer.

Auf einmal klingelte sein Handy, bedrückt verzog er das Gesicht.

Hatte er Sorgen? War sein Gefühlsausbruch nicht nur Verärgerung über den Weg? War er vielleicht so schroff, weil ihn persönliche Probleme unter Druck setzten? Er ging ans Telefon. Ich beobachtete ihn.

»Danke«, sagte er nach einem Moment der angespannten Stille in sein Handy. Nur dieses eine Wörtchen kam über seine Lippen.

Aber darin und in seiner Stimme schwang so viel Erleichterung mit, dass sich sein Gesichtsausdruck augenblicklich erhellte, als hätte jemand eine Festbeleuchtung angeschaltet.

Maurice steckte das Handy in die Jackentasche seines Blazers zurück und begann ganz leise, die Melodie eines Kinderliedes zu pfeifen. Dann schwang er übermütig sein Jackett, wie ein Torero, der einen mächtigen Stier anheitzt und mit ihm herumtänzelt, hin und her und hoch in die Luft. Als er es wieder auffing, machte er eine Geste, die zeigte: Yes! Alles wird gut.

Erleichterung über irgendetwas schien ihm Flügel zu verleihen und ließ ihn tanzen. Ich wusste nicht, was ihn blockiert und verängstigt hatte, aber es musste etwas gewesen sein, das er sich für Geld nicht hatte kaufen können.

»Lebe und sorge dich nicht«, hörte ich eine Stimme flüstern. »Vertraue!«

Ich schaute mich um, niemand war zu sehen.

Hatte mein Innerstes zu mir gesprochen?

Maurice hatte nicht gewusst, was seinen Körper belastete. Viele Jahre hatte er zu viel gearbeitet, nicht auf seine Gesundheit geachtet und sich niemals Zeit nur für sich genommen. Nun wusste er, dass ihm ein Naturpräparat helfen würde, wieder ins Gleichgewicht zu gelangen.

Er machte einen großen Schritt in die nächste Pfütze hinein und achtete nicht darauf, ob es spritzte. Sie war nicht annähernd so tief, wie die vorherige, das verwunderte ihn, er blieb stehen und begann, spontan darin herumzuhüpfen. All die Matschspritzer waren ihm auf einmal egal. Seltsamerweise hinterließen sie keine Flecken auf seiner Kleidung, von den Vorherigen konnte ich auch nichts mehr sehen.

Nun fing es aus heiterem Himmel an zu regnen. Ich bekam ein paar wenige Tropfen ab, aber bei Maurice wusch es hinab, als würde er unter einem der wunderschönen Wasserfälle stehen, die es in Island gab. Ich betrachtete ihn, wie er da verdattert und klitschnass in seinem feinen Anzug stand.

Würde er gleich wütend herumtoben?

Doch so war es nicht, das genaue Gegenteil passierte:

Maurice streckte die Arme und sein Gesicht dem Wasser entgegen und begann zu singen:

»I´m singing in the rain, I'm dancing in the rain ... «

Er sah dabei sehr glücklich aus, hopste in der Pfütze herum und trällerte immer weiter das Lied, wie ein kleiner Junge, der mit einem Brummkreisel spielt und nicht genug davon bekommen kann.

Ich war sehr erleichtert, ihn so unbeschwert zu sehen. Seine Freude steckte mich an, meine Füße bewegten sich auf einmal rhythmisch zu seinem Gesang. Das war ein tolles Gefühl.

Nun sprang Maurice mitten in die nächste Pfütze und entfernte sich singend und pfeifend.

Nach wenigen Metern gab ich einem inneren Impuls nach und hüpfte ebenfalls mit einem großen Satz in eine Pfütze. Das Wasser spritzte und ich spürte die Tropfen in meinem Gesicht. Es fühlte sich wunderbar an, ich drehte mich im Kreis und empfand herrliche Befreiung.

Aber warum war das so? Maurice' Weg hatte doch nichts mit mir zu tun. Warum fühlte ich mich auf einmal so wohl? Fehlte mir eine gewisse Lockerheit?

Maurice verschwand aus meinem Blick, aber das spielte für mich keine Rolle. Ich hüpfte weiter und folgte den Pfützen. Wenn mich Monsieur Georges beobachtet hätte, wäre er verwundert gewesen, aber sicher hätte er geschmunzelt und sich gefreut, dass ich so viel Spaß hatte.

Eine Notiz formte sich in meinem Kopf:

Leichtigkeit und Freude vertreiben jegliche Schwere aus meinem Leben.

Ich überlegte, was mir richtig Freude bereitete und mir auch im Alltag ein Gefühl von Unbeschwertheit verleihen könnte. In Zukunft würde ich mich mehr mit Leichtigkeit erfüllen.

Vergiss ab und zu deine Probleme und tanze im Regen

Meine Gesundheit ist mir wichtig, weil …

Das tue ich ab jetzt bewusst für meine Gesundheit:

Ich vertraue …

Dies ist der Mensch meines Vertrauens:

Ich habe großes Vertrauen in mich, wenn …

Dies ist ein vertrauter Ort für mich, weil …

Ich verspüre große Erleichterung, wenn …

Kapitel 12

Mathieus Wegweiser: Befreie dich von Perfektion.

Achtsamkeit schult unsere Wahrnehmung, denn wir vergessen häufig, bewusst wahrzunehmen, was um uns herum ist und welche Wunder uns die Natur schenkt.

Eine große Lichtung lag vor mir. Augenblicklich verwandelte sich meine ausgelassene Stimmung in eine innere Ruhe, denn die Lichtung wirkte wie ein Ort der Stille. In ihrer Mitte stand ein kleines Häuschen, es war aus Holzstreben errichtet, nicht besonders professionell, aber mit viel Sorgfalt. Langsam ging ich darauf zu.

Ich streckte eine Hand aus und berührte das Holz, es fühlte sich glatt und ein wenig klebrig an. Ich ging zu einem Fenster, um einen Blick hinein zu erhaschen.

Im Inneren war es gänzlich dunkel. Ich drehte mich um und lehnte mich mit dem Rücken gegen die Wand. Langsam ließ ich mich daran hinabgleiten, bis ich auf dem Boden saß. Auch meinen Kopf ließ ich gegen das kühle Holz sinken und erlaubte mir, zu entspannen.

Es war unglaublich, was ich am heutigen Tag bereits erlebt hatte.

Jeder der Freunde steckte in einer besonderen Lebenssituation.

Eine Sache gab es in ihrem Alltag, die ihnen zu schaffen machte, sie belastete und davon abhielt, sich frei zu fühlen.

Das glaubte ich bereits am Morgen in ihren müden Gesichtern gesehen zu haben.

Das Labyrinth war ein magischer Ort.

Hier schien die Zeit stillzustehen und den Besuchern einen Weg zu zeigen, ihr eigenes *Ich* zu finden.

Ich holte mein Notizbüchlein hervor und hielt meinen Bleistift nachdenklich in der Hand. Ich wollte ein paar Gedanken notieren und später Monsieur Georges einen Brief schreiben. Er hatte viel zu lange auf ein Lebenszeichen von mir warten müssen, diesen besonderen Tag wollte ich gerne mit ihm teilen.

Die Erlebnisse der Gruppe hatten mir gezeigt, wie wichtig es für jeden Menschen ist, an die eigenen Träume zu glauben und sie Wirklichkeit werden zu lassen.

Es war still um mich herum, schnell füllten die Worte mein Blatt: Erlebnisse, Erkenntnisse, Eindrücke und Gedanken zu Anaelle und ihren Freunden schrieb ich auf. Es fühlte sich gut an, all dies niederzuschreiben, doch auf einmal verharrte ich und schaute auf, denn all diese Erkenntnisse hatten auch etwas mit mir zu tun. Ich hatte viel gelernt. Doch wo war mein Weg? Ich war nicht Teil der Touristengruppe und nur Beobachter. Ich fühlte mich bereit, mein Glück, und, wie hatte es Monsieur Georges so schön gesagt, die Magie meines Lebens zu finden.

Ein Knacksen ließ mich aufblicken, doch sah ich niemanden in meiner Nähe. Erneut knackste es. War da jemand hinter dem Haus? Schlich jemand dort herum?

Ich steckte mein Notizbuch in die Jackentasche zurück. Einer der Freunde schien auf seinem Entdeckungspfad zu sein, ich wollte auf keinen Fall verpassen, was er erlebte.

Ich erhob mich und umrundete das Blockhaus, erneut strich ich mit meiner Hand am Holz entlang. Es fühlte sich lebendig an, gar nicht wie totes Material. Nicht weit vom Haus entfernt entdeckte ich Mathieu. Er ging durch das Nahe Unterholz, jeder seiner Schritte raschelte leise.

Er ging recht langsam und schien sich dabei zu konzentrieren. Bei seinem Anblick musste ich an den Begriff »Achtsamkeit« denken. Kürzlich hatte ich darüber einen sehr interessanten Artikel gelesen.

Die Erkenntnis, die der Autor gewonnen hatte, war eindeutig: An vielen Tagen werden wir von unserem Alltag in Anspruch genommen, er lässt uns keine Zeit, darüber nachzudenken, wie schön und einzigartig unsere Umgebung, unsere Welt, ist. Monsieur Georges hatte mir ein Zitat von Kurt Tucholsky genannt:

Die größte Sehenswürdigkeit ist die Welt,
sieh sie dir an.

Damals hatten mich seine Worte nicht erreicht, aber heute glaubte ich zu verstehen, was er damit meinte.

Ich folgte Mathieu mit einigem Abstand. Aufmerksam genoss ich das leise Knacksen der Äste und Rascheln getrockneter Blätter unter meinen Füßen. Es roch angenehm nach Holz und ein wenig wie nach einem frischen Regenguss.

Mathieu spazierte durch den Wald, es war ein Ort, an dem er sich sehr wohl fühlte. Er bewegte sich andächtig durch die unzähligen Blätter und lauschte dem angenehmen Knistern. Es war lange her, dass er in einem Wald gewesen war.

Er fühlte sich seit einiger Zeit energielos, schlaff und ausgebrannt. Unbeschwerte Freude fühlte er schon länger nicht mehr. Er war froh, unter den Bäumen etwas entspannen zu können.

Viele Minuten und Meter vergingen, da blieb Mathieu plötzlich am Rande einer Lichtung stehen.

Etwas, das ich von meinem Platz aus nicht erkennen konnte, schien Mathieus Aufmerksamkeit zu wecken, mit einer Hand schirmte er seine Augen ab. Voller Neugierde folgte ich ihm. Die Lichtung lag im hellen Sonnenlicht. Eine große Linde überdachte dort, auf einer Wiese, einen kleinen, schattigen Platz. Von einem ihrer hohen Äste baumelte eine Schaukel hinab und bewegte sich leicht im Wind.

Mathieu ging neugierig zu der Schaukel hinüber. Mit beiden Händen ergriff er die dicken Seile und zog prüfend daran. Dann setzte er sich vorsichtig darauf, ging ein Stück zurück, hob die Beine vom Boden ab und ließ sich schaukeln. Ein Lächeln blitzte in seinem Gesicht. Er schwang nach vorn, nach hinten, nach vorn, nach hinten ...

Mathieu sah beglückt aus, er schien nicht genug von der angenehmen Bewegung bekommen zu können, er schaukelte höher und höher und schwang sich immer weiter in die Lüfte hinauf. Seinem Gesichtsausdruck konnte ich ansehen, dass es anstrengend war, aber da war noch ein anderer Ausdruck: Es war Glückseligkeit.

Im Moment des Schaukelns fühlte sich Mathieu frei und unbeschwert, es war fast ein bisschen wie Fliegen. Im Laufe der Jahre hatte er diese Leichtigkeit und Unbeschwertheit verloren. Viele Misserfolge in seinem Beruf als Journalist waren ihm widerfahren, er hatte sich vor anderen verschlossen und war verbissen geworden, doch dadurch hatte er sich wie ein eingesperrter Vogel gefühlt. Er wollte wieder frei sein und aus seinem Käfig ausbrechen, aber er hatte nicht gewusst wie, bis zu diesem Moment. Mit jedem Schwung, der ihn Schaukeln ließ, lebte er wieder auf.

Hinter mir knackste es erneut.

War mir jemand gefolgt?

Ich drehte mich vorsichtig um, konnte aber niemanden sehen.

Der Wald war so dunkel, dass er fast ein wenig gespenstisch wirkte, ich fühlte mich in meine kindlichen Fantasien zurückversetzt. Ich schaute nach allen Seiten, würde ein geflügeltes Pferd erscheinen? Leider war es nicht so, ich konnte den Pegasos, der mir als kleiner Junge in meinen Tagträumen häufig erschienen war, nicht sehen. Ich seufzte enttäuscht, dieser Zauber war wohl nur Kindern vorbehalten. Langsamen Schrittes verließ ich den Wald und folgte einem schmalen Pfad am Waldrand entlang.

Befreie dich von Perfektion

Ich fühle unbeschwerte Freude, wenn …

Diese Freiheit möchte ich mir in Zukunft erlauben …

Hier kann ich in Zukunft lockerlassen …

Wann habe ich das Gefühl, perfekt sein zu müssen?

So kann ich diesen Perfektionsmoment für mich auflösen:

Ohne Perfektionismus möchte ich diese kleinen Wunder in meinem Alltag entdecken:

Freiheit bedeutet für mich:

In diesem Moment fühle ich mich frei:

Freiheit schenkt mir:

Für mich scheint die Zeit stillzustehen, wenn …

Kapitel 13

Léas Wegweiser: Finde Fülle in dir!

Manchmal glauben wir, keine Sekunde länger allein sein zu können, es nicht mehr zu ertragen, dass niemand um uns ist. In diesen Momenten spricht unsere Seele am ehrlichsten zu uns.

Mit der rechten Hand wischte ich mir über die Stirn und schaute mich um. Da erhaschte mein Blick Léa, sie ging in einen Weg hinein, der mitten durch ein Feld mit vielen verschiedenen Gräsern führte, das sich weit bis zum Horizont erstreckte. Sie sahen bezaubernd aus und raschelten sachte im Wind. Léa bewegte sich im Schneckentempo, langsam folgte ich ihr.

Die Arme hatte sie rechts und links abgestreckt und streifte behutsam mit ihren Händen über die Gräser.

Ich machte das Gleiche und spürte, wie weich sie sich in meiner Handfläche anfühlten.

Léa blieb stehen und hielt ihr Gesicht der Sonne entgegen. Auch ich verharrte und schaute mich um. Der Weg ging leicht bergab, die Gräser hingegen blieben alle auf einer Höhe.

Nun ging Léa weiter und auch ich setzte meinen Weg fort.

Recht steil gingen wir hinab, seltsamerweise wurden die Gräser immer größer. Gräser in dieser Größe hatte ich nie zuvor gesehen. Davon musste ich Monsieur Georges unbedingt berichten.

Der Weg machte nun eine Biegung, ich war gespannt, was mich dahinter erwartete. Zu meinem großen Erstaunen führte der Weg zu einem Schmetterlingsbaum.

Der Baum war einzigartig schön, er hatte weiße Blüten, die süßlich und verführerisch dufteten. Ich hielt tief berührt die Luft an, dieser Ort strahlte Magie aus.

Es war ungewöhnlich still.

Léa nahm unter dem Baum Platz und lehnte sich an den Stamm.

Ich hockte mich auf den Weg zwischen die Gräser.

Léa schloss die Augen, sie wollte sich einen Moment ausruhen und nachdenken, denn sie war traurig. Seit längerem fühlte sie sich einsam. Wegen ihres Berufes als Mediendesignerin war sie aus ihrem Heimatstädtchen fortgegangen und in eine große Stadt gezogen. Die Arbeit an sich machte ihr Spaß, sie hatte auch nette Kolleginnen, aber Léa vermisste ihre Freunde, die sie von klein auf kannte, mit denen sie zur Schule gegangen war. Sie wollte neue Freunde finden und hatte versucht, eine Sportart für sich zu entdecken, die Passende hatte sie aber bisher nicht gefunden. Meist ging sie in ihrer Freizeit spazieren. Léa mochte es, sich an der frischen Luft zu bewegen, allein machte ihr das aber nur mäßig Spaß.

Ein Hund hätte ihr bestimmt über so manchen Kummer hinweggeholfen. Bisher hatte sie aber nicht genügend Mut gefunden, nach einem treuen Begleiter Ausschau zu halten.

Sie legte ihre Hand auf die Moosfläche, die unter dem Schmetterlingsbaum um den Stamm herumwuchs und fuhr mit ihren Fingern sachte darüber. Das Moos fühlte sich weich an. Sie strich mit einem Finger darüber und hindurch, so wie eine Schnecke, die es erkundete.

In letzter Zeit gab es häufig Momente, in denen sie sich wie eine Schnecke fühlte und sich zurückzog. Sie öffnete ihre Augen.

Ich sah die Traurigkeit in ihrem Gesicht.

»Warum muss jeder seinen Weg allein gehen?!«, sagte Léa laut.

»Dieser Ort ist wunderschön, aber ich hätte gerne jemanden bei mir.«

Das Gefühl der Einsamkeit klopfte wieder bei ihr an.

Sie betrachtete die hohen Gräser, die den Schmetterlingsbaum von allen Seiten umschlossen.

Ihr Blick war auf einmal leer.

Da geschah etwas einzigartig Schönes. In meinen kreativsten Träumen hätte ich mir das nicht vorstellen können. Im Baum fing es plötzlich an zu rascheln, unzählige Schmetterlinge hielten sich dort versteckt und öffneten ihre Flügel. Zunächst sah es aus, als wären es die mattgrünen Blätter, die sich bewegten, doch dann kamen blau-, rot-, gelbschimmernde Schmetterlinge zum Vorschein. Sie tänzelten um den Baum herum, flatterten empor und setzten sich neben Léa auf das weiche Moos. Einige suchten sich, zu meiner Überraschung, auf ihr ein Plätzchen.

Léa blieb still sitzen und schaute mit geöffnetem Mund den Schmetterlingen zu. So etwas Außergewöhnliches hatte sie nie zuvor erlebt. Sie hielt ihre Hände ganz still, denn auf jeder war ein Schmetterling gelandet und bewegte seine Flügel.

»Und ich dachte, ich wäre allein, dabei wart ihr die ganze Zeit bei mir.«

Léa bewegte sich nicht, obwohl die Schmetterlinge auf ihrer Haut kitzelten. Diesen Moment wollte sie so lange wie möglich genießen, tief berührt nahm sie ihn in sich auf.

»So fühlt sich Glück an.«

Ich saß da und staunte über diesen zauberhaften Moment und einzigartigen Schmetterlingsort, von dem ich niemals vermutet hätte, dass es ihn gab. Dieser magische Platz hatte sich im Verborgenen gehalten, aber Léa hatte ihn entdeckt und ich hatte das große Glück, dass er sich auch mir offenbarte, da ich ihr gefolgt war.

Eine Weile saßen wir still und andächtig auf unserem Platz, bis zu dem Augenblick, als sich die Schmetterlinge wieder in die Luft erhoben, um den Baum flogen und sich wieder auf ihm niederließen. Im Zeitlupentempo schlossen sie ihre Flügel und sahen wie zuvor, wie unscheinbare Blättchen aus. Der Zauber war vorbei und seltsamerweise verschwand mit den Schmetterlingen auch die Sonne. Mich fröstelte es, auch Léa rieb ihre Hände aneinander. Sie erhob sich und warf einen sehnsüchtigen Blick zum magischen Baum. Aber dann lächelte sie.

»Danke, das war ein Zeichen für mich. Überall steckt Lebendigkeit. Ich bin nicht allein. Keiner ist allein. Ab jetzt möchte ich ein Leben voll bedeutsamer Momente und Erlebnisse führen, das von Freude und Leichtigkeit geprägt ist.«

Sie wendete sich um und folgte einem Weg, der sich mit einer starken Windböe vor ihr auftat, er führte durch die Gräser hindurch, zurück auf den Weg, von dem sie abgezweigt war.

Vieles hatte ich im Labyrinth nicht auf den ersten, aber auf den zweiten Blick entdeckt. Ich war sehr froh, dass ich Anaelle, Louis, Claire, Julie, Philippe, Hugo, Pierre, Maurice, Mathieu und Léa auf ihrem Weg begleitet hatte. Die Begegnung mit diesen wundervollen Menschen berührte mich sehr und zeigte mir, was im Leben wirklich wichtig war. Ich verstand, dass ich auf mein Innerstes hören musste und dass auch ich meine Träume und Wünsche leben durfte. Ich spürte, dass die Wege, auf denen ich die anderen begleitet hatte, auch meine Wege gewesen waren. Jeder von ihnen hatte mir eine Erkenntnis offenbart, die mich näher zu mir geführt hatte.

Die Frage, wovon ich träumte, würde mich sicher noch eine Weile bewegen, aber die Erlebnisse der Freunde hatten mir den ersten entscheidenden Anstoß gegeben, um mich freier und glücklicher zu fühlen und mich zu öffnen. Ich nahm mir vor, all die wichtigen Erkenntnisse, die ich gewonnen hatte, in mein Notizbuch zu schreiben.

Als ich nun die kleine Anhöhe hinaufging, sah ich die anderen, sie hatten sich bereits zusammengefunden und standen beieinander. Ich freute mich, sie zu sehen und gemeinsam mit ihnen den Ausflug ausklingen zu lassen.

Als ich näher kam, standen sie im Kreis, es schien mir, als umringten sie etwas.

Leider konnte ich nicht sehen, was es war.

Als sie mich erblickten, lächelten sie und öffneten ihren Kreis. Ich staunte sehr, denn ich erblickte in ihrer Mitte Monsieur Georges. Er saß auf einer kleinen Bank, hob einen Arm und winkte mir freudig zu. Überrascht und ergriffen zugleich blieb ich stehen, ich verstand nicht, wie er hierher gekommen war. Ich hatte ihm so viel zu erzählen und wollte mich unbedingt bei ihm bedanken, denn schließlich war ich nur durch ihn hier in Island.

Tiefe Freude zeichnete sich auch auf Monsieur Georges Gesicht ab.

Da erblickte ich auf seiner rechten Hand einen schillernden Schmetterling. War es der Zauber des Labyrinths, der ihn zu Monsieur Georges hatte fliegen lassen oder war, durch Illusion und Magie, meine Fantasie wieder lebendig geworden? Ich hätte diesen bezaubernden Anblick in einem Foto festhalten können, aber so bewahrte ich ihn in meinem Herzen. Viele außergewöhnliche Momente warteten noch darauf, festgehalten zu werden, das spürte ich.

Finde Fülle in dir

Ich kann gut allein sein, wenn …

Folgendes mache ich gerne, wenn ich allein bin:

Ich kann mich gut entspannen, wenn …

Ich fühle mich glücklich, wenn …

Meine Fantasie wird lebendig, wenn …

Ich möchte mich bei ____________ bedanken, für …

In diesem Moment fühle ich mich erfüllt:

Das erfüllt mich:

Es motiviert mich, wenn …

Das hat mich überrascht …

Damit würde ich gerne überrascht werden …

In Gegenwart dieses Menschen bin ich ganz ich selbst:

Unique (Songtext)

Many years ago I thought
My life is like a working world
There is no space
For happiness, for happiness

Black and white I saw no colours
Black and white there were no colours
Black and white I saw no colours
Where were the colours?

No one saw me how I am
No one saw mystery in me
I wished I could be
Someone else, someone else

Dust and fog I had no vision
Dust and fog I lost my vision
Dust and fog I had no vision
Where was my vision?

You are like a sparkle in light
You are like a sparkle in light
You shine like a star
You are unique, you are unique

Remember when I was a child
Remember when there was no fear
I did what I do
Never look back, never look back

Black and white where is a light
Black and white there is a light
Black and white I see a light
This light is me!

You are like a sparkle in light
You are like a sparkle in light
You shine like a star
You are unique, you are unique

You are like a moonlight in night
You are like a moonlight in night
You shine like a star
You are unique, you are unique

This light is me!

You are like a sparkle in light
You are like a moonlight in night
This light is me!

This light is me!

You are like a sparkle in light
You are like a sparkle in light
You shine like a star
You are unique, you are unique

Black and white where is a light
Black and white there is a light
This light is me!

Black and white where is a light
Black and white there is a light
This light is me!

Black and white where is a light
Black and white there is a light
Black and white I see a light
This light is me!

SPOTIFY APPLE AMAZON YOUTUBE

Meine Erkenntnisse

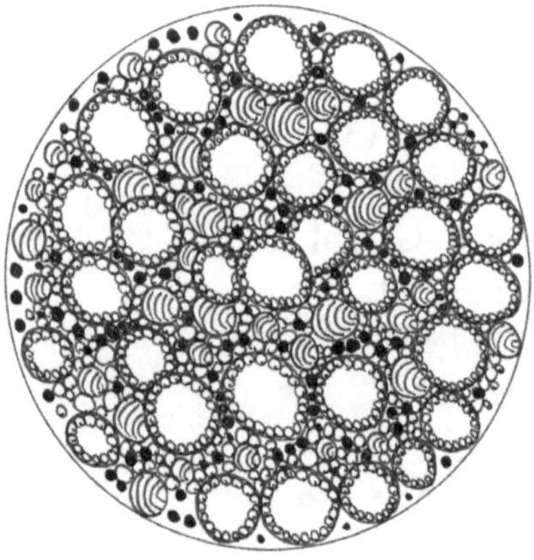

Fragst du dich manchmal …

Bevor ich die Reise nach Island antrat und mich von Monsieur Georges verabschiedete, hatte er mich nachdenklich angeschaut und gesagt:

»Florin, gestatten Sie mir, Ihnen noch ein paar meiner Gedanken mit auf den Weg nach Island zu geben.«

Er hatte mir zwei Briefe gegeben, der eine war verschlossen, ich sollte ihn erst lesen, wenn ich auf meiner Reise Erkenntnisse gewonnen hatte. Den anderen steckte ich in meine Jackentasche. Ich las ihn, als ich im Landeanflug auf Island war. In einer akkuraten Schrift stand dort:

Florin,
fragst du dich manchmal …
… ob du dich mit den Dingen des Lebens beschäftigst, die dir wirklich wichtig sind?
… ob es Belanglosigkeiten in deinem Alltag gibt, die dir Energie nehmen und deine Zeit rauben?
… was Glück bedeuten kann und ob du glücklich bist?
… ob du weißt, was der Sinn deines Lebens ist?
… ob du dich am richtigen Ort befindest, an einem Ort, an dem du leben möchtest, einem Ort, der dir guttut?
… ob du Menschen deine Zeit schenkst, die dir guttun und dein Leben bereichern?
… ob es Inspirationen gibt, die neue Energien in dir wecken?
… ob du Kreativität in dir trägst, die wachgerüttelt werden möchte?
… ob du deine Gedanken aufschreiben möchtest?
… ob du zufrieden bist und dich auf dem richtigen Weg befindest?
… wie du die Richtung deines Weges ändern könntest?

Die Fragen hatten mich nachdenklich gemacht und auch ein wenig verunsichert, nie zuvor war mir derlei durch den Kopf gegangen. Ich spürte, dass Monsieur Georges etwas damit bezweckte und darauf vertraute, dass ich in Island Antworten finden würde.

Und so ist es tatsächlich gekommen.

Gemeinsam mit Anaelle, Louis, Claire, Julie, Philippe, Hugo, Pierre, Maurice, Mathieu und Léa bin ich durch das Labyrinth gegangen und habe entdeckt, was das Leben wirklich ausmacht und wie schön es ist, wenn man es nur zulässt.

Eine wichtige Erkenntnis, die ich für mich gewonnen habe, lautet:

Für Veränderungen ist es nie zu spät.

Das Lebenslabyrinth

Das Labyrinth, das ich durchlaufen habe, sehe ich als Sinnbild des Lebens. Ich habe in ihm entdeckt, dass alles möglich ist, wenn wir die Augen für das Wesentliche öffnen und unerwartete Wendungen zulassen. In einem Labyrinth gibt es verschiedene Wege, die immer wieder ihre Richtung ändern. Auch wenn sie unüberschaubar und schwierig wirken, haben alle eine Gemeinsamkeit, sie führen zu einem Ziel.

In unserer Kindheit befinden wir uns auf einem Weg, der uns wie eine »Spielwiese« vorkommt, wir uns ausprobieren, ungehemmt und losgelöst sind, von jeglicher Zeiteinschränkung. Andere entscheiden über unseren Weg und bestimmen, an welchen Punkten wir von ihm abzweigen. Dieser Weg wird konkreter, je älter wir werden, er birgt Aufgaben, Leistungen, Hindernisse, Erlebnisse und Entscheidungen, die uns prägen und begleiten.

Kinder freuen sich, wenn ihre Eltern mit ihnen ein Naturlabyrinth aufsuchen, sie rennen ausgelassen hindurch und haben Vertrauen, das Ziel zu erreichen, auch wenn der Weg bergauf und bergab geht und manche Hürde dabei zu überwinden ist. Die Ungewissheit, wie und wann sie das Ziel erreichen, hat keine Bedeutung, sie sind frei von der Wertung, ob es der richtige oder der falsche Weg ist, entscheidend ist, dass sie fröhlich und unbeschwert nach ihrem Ziel suchen.

Diese Leichtigkeit und das Vertrauen in einen Weg, gehen uns nach und nach verloren. Wir glauben, Erwartungen erfüllen zu müssen, die andere an uns stellen oder haben das Gefühl, mit anderen mithalten zu müssen und vergleichen uns mit ihnen. Dabei geraten wir unter Stress und vielleicht in eine kleine oder auch große Krise. Unser Körper beschwert sich womöglich mit Kopfschmerzen und unangenehmen Gefühlen, im schlimmsten Fall sendet er Krankheitssymptome. Theodore Roosevelt sagte einmal:

Vergleichen ist der Dieb der Freude.

Viele von uns folgen der breiten Masse und versuchen sich anzupassen. Es ist wichtig, individuell zu sein, aus unseren eigenen Talenten zu schöpfen und daraus eine starke Lebensenergie zu ziehen, die uns Freude, Liebe, Empathie und Willensstärke gibt und uns durch unser Leben trägt. Wir müssen keine Schafe sein und blind einer Herde folgen, weil wir unseren Weg nicht kennen. Wir besitzen alle Fähigkeiten, ihn zu gestalten, mit Erfolgserlebnissen zu füllen, Glück zu spüren und zu erfahren, was uns persönlich als Menschen ausmacht.

Ich habe verstanden, dass es auf unserem Weg, in den verschiedenen Lebensabschnitten, große und kleine Hindernisse gibt, wir aber nie vergessen dürfen, ihn Schritt für Schritt mit Selbstfürsorge, Dankbarkeit und Vertrauen zu gehen. Ein Lächeln tut mir und anderen dabei gut und wird ab jetzt mein täglicher Begleiter sein.

Wer seinen individuellen Lebensweg sucht, darf
Google Maps nicht nach der Route fragen.

Mein persönliches Lebenslabyrinth:

Diese Wege bin ich schon gegangen:

Ausbildungen –

Meine schönsten Wege:

Meine Reise nach Italien,

Ich kann mich gut entspannen, wenn …

ich massiert werde, Morgens im Bett endlich alles losgelassen.

Mit diesen Schritten bin ich einen Umweg gegangen:

Die Zeit bei der [illegible]. Hätte früher selbstständig werden können

Dieser Hürde bin ich ausgewichen:

Erwachsen sein,

Diese Hürde habe ich überwunden:

Harmonie in der Familie
um jeden Preis

Hierbei bin ich im Kreis gegangen:

Hierbei hatte ich Durchhaltevermögen:

Beim Sportabi – 1500m Lauf

Diesen Weg habe ich aus Zufall gefunden:

Dieser Weg hat sich perfekt und frei angefühlt:

Diese Entscheidung habe ich getroffen und dadurch einen Weg gefunden, der mein Leben verändert hat:

Etwas mit Max angefangen, Meinen Onkel und Jane wiedergefunden. Nach Sri Lanka geflogen.

Meine wichtigsten Wegbegleiter sind:

Ulla, Johanna, Sabine, Rainer

Hierbei bin ich spontan gewesen:

Urlaub bei Uschi in Italien mit Christiane (Pilates)

Hier habe ich eine Abzweigung genommen:

Bei der Ergotherapieprüfung

Ich war auf einem Entdeckungspfad und …

Dieser Ort beschert mir immer wieder Wunder …

Die Natur und der Himmel

Auf diesem Weg war das Tempo entscheidend:

Hier möchte ich hingehen:

Raus in die Natur,
Pilgern

Dies sind meine Ziele:

Wieder den Alltag ohne
Schmerzen meistern.

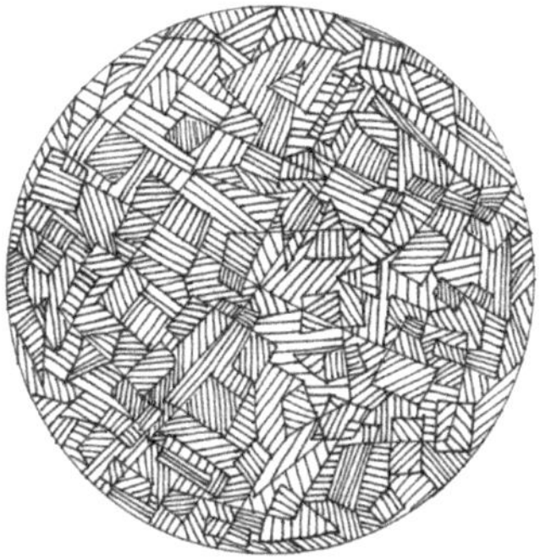

Das Leben liest sich rückwärts, denn erst im Nachhinein begreifen wir, warum bestimmte Dinge passiert sind und wofür sie gut waren.

Ich suche jeden Tag nach Zeichen, um meinen Weg zu finden.

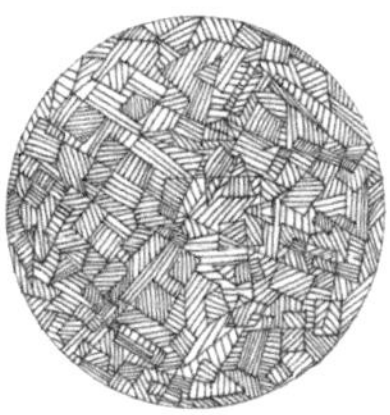

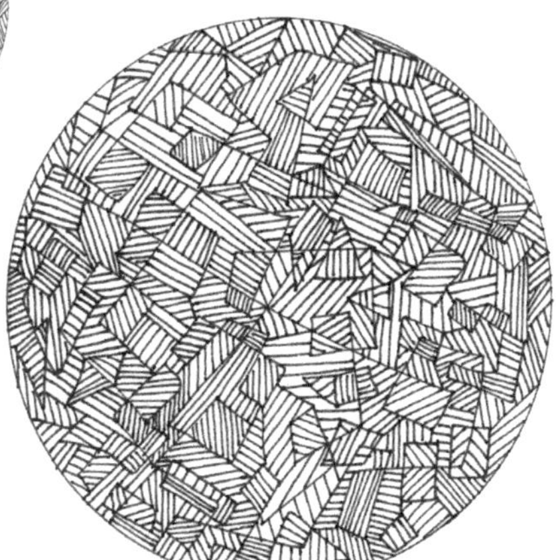

Jeder Tag ist ein Geschenk

Auf meinem Weg durch das Labyrinth wurde mir bewusst, dass jeder Tag unseres Lebens ein Geschenk ist. Jeder Tag ist einzigartig, vergeht und kommt nie wieder. Egal, was wir heute erleben, es könnte unser Letzter sein, deshalb sollten wir jeden Tag mit Dingen gestalten, die uns berühren, Spaß machen und Zeit mit Menschen verbringen, die wir gerne haben.

Damit wir das Beste aus unserem Tag machen und uns wohlfühlen, ist es wichtig herauszufinden, wie wir leben möchten und was uns guttut. Wir brauchen uns nicht zu vergleichen oder von anderen eine Richtung vorgeben lassen, aber wir können uns durchaus von ihnen inspirieren lassen. Wir sollten jeden Tag alles dafür tun, um glücklich zu sein und unsere Lebensqualität verbessern.

Zunächst leiten uns unsere Eltern und engsten Vertrauten durch unser Leben und treffen Entscheidungen mit dem Gefühl, etwas für uns zu tun, das uns guttut. Ab einem bestimmten Punkt beginnen wir, eigene Entscheidungen darüber zu treffen, wie wir leben möchten. Wenn wir glauben, wir hätten diesen Punkt verpasst, so stimmt das nicht, denn wie lautet meine Erkenntnis:

Für Veränderungen ist es nie zu spät.
Jeder Tag ist ein Geschenk.

Egal in welcher Lebenslage wir uns befinden, kann er der Beginn eines neuen, wunderbaren Lebensabschnittes werden.

Träume - Gedanken an Monsieur Georges

»Wovon träumst du?«, fragte er mich.
Dies sind meine Erkenntnisse:

Steh zu deinen Träumen, lass sie
Wirklichkeit werden!
Gehe deine Traumwege, damit du
nicht irgendwann sagst:
„Ich wünschte, ich hätte ..."
„Ich wünschte, ich wäre ..."

Lange habe ich über die Frage nachgedacht, die Sie mir gestellt haben, lieber Monsieur Georges. Träume sind individuell, sie geben die Möglichkeit, uns etwas Wunderbares vorzustellen, dessen Erfüllung wir uns wünschen. Auf dem Weg durch unser Leben sind Träume unsere Begleiter, sie spornen uns an, sie motivieren uns, einem Ziel entgegenzugehen, denn wir haben den Wunsch, dass sie Wirklichkeit werden. Diese Traumwege lassen uns über uns hinauswachsen, um sie zu gehen, helfen uns Mut, Halt und Rückendeckung von Menschen, die uns nahestehen. Träume sind oft von dem Gefühl bestimmt, dass das, was wir erreichen möchten, noch sehr weit weg ist, aber davon dürfen wir uns nicht verunsichern lassen.

Ein bisschen dürfen wir beim Träumen auch an Wunder glauben, denn Wunder werden meist dann wahr, wenn wir gerade nicht damit rechnen.

Jeder Mensch ist einzigartig und hat besondere Begabungen und Fähigkeiten. Aus diesem Grund sind unsere Träume verschieden und individuell. Wir alle haben aber den gleichen Wunsch, wir möchten, dass sie sich erfüllen, wir möchten das Glück spüren, das wir uns mit ihrer Erfüllung vorstellen.

Wenn ich träume, bin ich frei und horche auf
meine innere Stimme.

Ich weiß mittlerweile, dass Träume mein Leben glücklich und reich machen. Als Sie mich fragten, Monsieur Georges, wovon ich träume, konnte ich Ihnen keine Antwort geben, denn meinen Traum vom Fotografieren habe ich lange beiseitegeschoben. Ich habe nicht gewagt zu glauben, dass er wahr werden könnte, denn meine Eltern haben andere Erwartungen an mich und ich möchte sie nicht enttäuschen. Aber ich werde, wenn ich aus Island zurück bin, mit ihnen sprechen und ihnen von meiner Begeisterung erzählen.

Auf meinem Weg durch das Labyrinth habe ich gespürt, dass es nicht nur materielle Dinge sind, die wir uns erträumen. Vieles kann ich mir mit keinem Geld der Welt erfüllen, dies sind zum Beispiel:

Selbstliebe, Liebe, Geborgenheit,
Vertrauen in mich und zu anderen,
Gelassenheit, gute Gesundheit, Zeit für mich.

Träumen und an unseren Visionen festzuhalten wird uns immer das Gefühl von Freiheit und Grenzenlosigkeit geben. Ich bin überzeugt davon, dass wir in unserem Leben alles erreichen können.
So wie uns unsere nächtlichen Träume fliegen lassen und magische Kräfte geben, können uns auch die realen Träume Flügel verleihen.

Jeden, dem ich auf dem Weg durch mein Lebenslabyrinth begegne, möchte ich fragen:

Wovon träumst du?
Was ist es, was dich fliegen lässt?
Wie könnte die Traumvision deiner Zukunft aussehen?
Was möchtest du unbedingt erreichen?
Was möchtest du lernen?
Gibt es etwas, das du besitzen möchtest,
das dein Leben mit Freude bereichern würde?
Wer möchtest du sein?

Eine Sache, die ich verstanden habe, lautet:

Schiebe die Erfüllung deiner Träume nicht auf.
Erfülle dir deine Träume!
Du lebst jetzt!

Liste meiner Träume

Ich habe verstanden, dass es nicht nur große Träume gibt, sondern auch viele kleine, diese möchte ich in einer Traumliste festhalten. Noch ist meine Liste leer, aber ich weiß, ich werde sie füllen und bestimmt immer wieder ergänzen. Ich träume davon, zu fotografieren und zu reisen, aber gewiss fallen mir noch weitere Träume ein:

Ich weiß nichts mit Gewissheit,
aber der Blick in die Sterne bringt mich zum
Träumen.

Vincent van Gogh

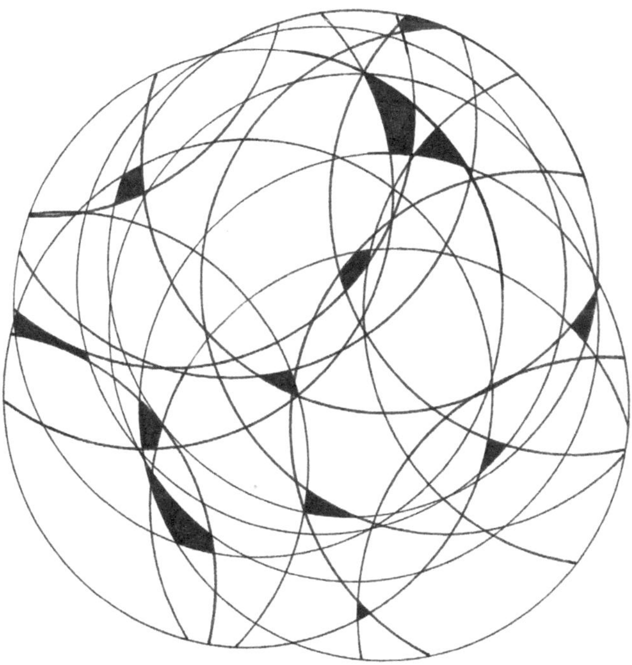

Gedanken an Monsieur Georges

Seit ich durch das Labyrinth gegangen bin, fasziniert mich die Vorstellung, dass darin alle Wege ein Ziel haben. Ich habe versucht, das Labyrinth zu malen, durch das wir gegangen sind, damit auch Sie einen Eindruck davon bekommen können. Es wollte mir nicht so gut von der Hand gehen, deswegen habe ich versucht, alles Bildhafte wegzulassen und mich nur auf die Wege und Erlebnisse, die mir sehr wichtig waren, zu konzentrieren. Diese Zeichnung ist dabei herausgekommen:

Das Labyrinth der Wege

Es hat mir viel Freude bereitet, das Labyrinth der Wege zu zeichnen, ich habe weitere Zeichnungen angefertigt, die ich Ihnen gerne bei unserem Wiedersehen zeigen möchte. Eines habe ich noch nicht gefüllt, dort möchte ich meinen größten Traum hineinmalen.

Diese Form der Kreativität mag ich, hierbei brauche ich keine Worte, sondern kann meine Gedanken durch meinen Stift fließen lassen.

Mein größter Traum

Ziele

Ziele sind, auch wenn sie noch so klein sind,
motivierende Haltepunkte auf meinem Weg
durch mein Lebenslabyrinth

Es ist wichtig, Ziele zu haben. Durch Zielsetzungen gebe ich meinem Tag Struktur. Zu Hause, im Studium oder im Beruf sind die Aufgaben unterschiedlich, entscheidend ist, dass ich dabei auf ein Ziel hinarbeite, das ich erreichen möchte. Auch viele kleine Schritte bringen mich dabei allmählich einem Gesamtziel näher. Wenn ich das Ziel erreicht habe und den Weg dorthin gegangen bin, kann ich sehr stolz auf mich sein. Auf diesem Weg erkenne ich neue Seiten an mir, neue Stärken, vielleicht auch Schwächen und wachse, das ein oder andere Mal, über mich hinaus. Mit jedem neuen Ziel, das ich mir stecke und dem damit verbundenen Weg, lerne ich mich ein wenig mehr kennen, darf stolz sein und mich feiern. Ich trainiere dabei mein Durchhaltevermögen und meine Schaffenskraft.

Im Studium und im Beruf sind Aufgaben häufig vorgegeben, in der Freizeit hingegen nehme ich mich selbst an die Hand und strukturiere und nutze meine Zeit sinnvoll.

Ich habe mir das Ziel gesetzt, in wenigen Wochen einen Halbmarathon zu laufen. Damit ich mein Ziel erreiche, habe ich meinen Weg, der mich dorthin führen soll, in fünf wesentliche Abschnitte unterteilt.

1. Ich kaufe mir geeignete Laufschuhe.
2. Ich erstelle mir einen Trainingsplan.
3. Ich trainiere jeden Tag.
4. Vor dem Einschlafen stelle ich mir den Zieleinlauf des Halbmarathons vor.
5. Mein Fokus liegt bei mir, ich lasse mich von niemandem verunsichern.

Folgendes Ziel möchte ich als nächstes erreichen und werde diese fünf Schritte dabei beachten:

Wieder wandern

Kurzfristiges und langfristiges Glück

Nur wer lernt groß zu träumen und sich
außergewöhnliche Ziele setzt, dem ist
langfristiges Glück im Leben geschenkt.

Mir ist bewusst geworden, dass uns materielle Dinge meist nur kurzfristiges Glück bescheren. Ich kenne einige Menschen, die alle zwei Jahre ein neues Handy oder ein anderes hochpreisiges Technikprodukt erwerben. Im ersten Moment fühlen sie sich vielleicht glücklich, weil sie das neuste Produkt besitzen, doch dieses Glück ist nicht von langer Dauer.

Wenn wir durch finanzielles Investment glücklich werden möchten, sollten wir in uns selbst investieren und uns weiterbilden, Bücher lesen oder Coachings buchen, dies bringt uns voran und kann zu langfristigem Glück beitragen.

Wenn ich über die finanzielle Ebene hinausdenke, sind es meine Träume und hoch gesteckten Ziele, die mich in meinem Leben langfristig glücklich machen.

Der Prozess, den ich durchlaufe, bis ich mein Ziel erreiche, mag sich fordernd anfühlen und mich vor große Aufgaben stellen, doch die Entwicklung, die ich mache, die Menschen, die ich treffe und die Erfüllung, die ich spüre, wenn ich langsam meinen Zielen näherkomme, wird mich langfristig glücklich machen.

Lebensaufgaben werden mich zu langfristiger Erfüllung führen, hierzu zähle ich eine erfüllende Partnerschaft, familiären Zusammenhalt oder ein Hobby.

Weitere Lebensaufgaben könnten sein:

Dankbarkeit

Das Gefühl der Dankbarkeit macht mich glücklich.

Als ich durch das Labyrinth ging, habe ich erkannt, dass das Gefühl, das ich empfinde, wenn ich dankbar bin, warm und wunderbar ist. Es lässt mich lächeln und verleiht mir eine angenehme Leichtigkeit.
Jeden Tag gibt es Momente, für die wir dankbar sein können: Ein Spaziergang durch den Wald, die Musik der Natur, ein Regenbogen, ein nettes Gespräch, ein Kompliment, das Lächeln einer fremden Person, eine Erdbeere …
Das Gefühl, das ich mit Dankbarkeit verbinde, kann Flügel verleihen und uns durch unser Leben begleiten. Es gibt so viel, wofür wir dankbar sein können, viele Dinge, die uns selbstverständlich erscheinen und für die wir vergessen, Danke zu sagen.

Wir sollten uns jeden Tag bei …

… unserem Körper für seine Stärke und Hilfsbereitschaft, mit der er unseren täglichen Belastungen standhält, bedanken.
… lieben Menschen, die um uns herum sind, uns helfen, Zeit für uns haben und uns ein Lächeln ins Gesicht zaubern, oder auch trösten, bedanken.
… der vollkommenen Natur mit all ihren Wundern und Wandlungen bedanken, die wir während eines Spazierganges erleben dürfen.

… unseren Sinneswahrnehmungen bedanken, mit denen wir die Schönheit unserer Welt genießen dürfen.

Es gibt auch kleine Momente, für die wir sehr dankbar sein können, für einen Schmetterling, den wir beobachten, eine Melodie, die uns rührt oder beschwingt, einen Kuss, der uns begrüßt oder Liebe schenkt.

Folgendes habe ich mir vorgenommen:

Ich lächele mich bereits morgens im Spiegel an,
bedanke mich für mein Leben,
meine Einzigartigkeit und für einen neuen Tag.
Jeder Tag bringt Wunder mit sich,
mögen sie auch noch so klein sein.
Danke!

Auch kleinen Momenten möchte ich mehr Beachtung schenken und für jeden Augenblick dankbar sein.

Glücklichsein, mit meinem Glücksstein

Ich habe auf meinem Weg Glück gesammelt. Als ich durch das Labyrinth gegangen bin, habe ich auf jedem Weg eine kleine Erinnerung mitgenommen, mal war es ein Blatt, eine Blüte, eine Feder. Ein Mitbringsel hat es mir besonders angetan, es ist ein glatter, mittelgroßer Stein, der gut in meiner Hand liegt und sich angenehm anfühlt. Ich habe ihn meinen „Glücksstein" genannt.

Wenn ich in Zukunft abends zu Bett gehe, werde ich ihn zur Hand nehmen, meine Augen schließen und an etwas denken, für das ich dankbar bin. So werde ich mit einem sehr erfüllten, glücklichen Gefühl einschlafen. Wenn ich erwache, wird dieses gute Gefühl in mir nachklingen.

Vorhin habe ich meinen „Glücksstein" zur Hand genommen, ich habe dabei an Monsieur Georges gedacht und wie dankbar ich ihm bin, dass ich in Island sein durfte, der Stein wurde in meiner Hand ganz warm, es war ein wunderbares Gefühl, das ich dabei verspürt habe.

Ich möchte ihn jeden Tag mit Dankbarkeit und Positivität füllen. Wenn es mir einmal nicht so gut geht, nehme ich ihn zur Hand, halte ihn fest und spüre seine wohltuende Energie.

Meine Dankbarkeitsliste

Hierfür bin ich dankbar:

Achtsamkeit

Gehe bewusst und achtsam durch deinen Tag.

Während ich die anderen auf ihrem Weg durchs Labyrinth begleiten durfte, habe ich erneut begriffen, wie abhängig wir uns von der Meinung anderer und unserem Handy machen, wie verfügbar und beeinflussbar wir dadurch sind und wie schwer es ist, uns davon freizumachen, loszulassen und einmal wieder zu träumen.

Um uns befreiter und auch kreativer zu fühlen, sollten wir die kleinen Momente in unserem Alltag bewusster und achtsamer wahrnehmen und wieder schätzen lernen.

Diese Momente können unterschiedlich sein. Vielleicht ist es eine Verabredung mit einem lieben Menschen, bei dem wir uns aufgehoben fühlen und der uns inspiriert oder das Ausüben einer Sportart, die wir mögen.

Für mich ist es ein Spaziergang durch die Natur. Ich fühle mich dabei jedes Mal sehr geerdet und komme innerlich zur Ruhe. Als ich durch das Labyrinth ging, habe ich mir die Zeit genommen und bewusst auf meine Sinneswahrnehmungen geachtet. Ich habe mich gefragt:

Was höre ich?
Was rieche ich?
Was fühle ich?
Was sehe ich?
Was spüre ich?

Folgende Erkenntnis habe ich gewonnen:

Die Momente,
die ich bewusst erlebe und genieße,
sind die schönsten,
es sind Momente der Fülle.

Ich werde meinem Tag in Zukunft mehr Tiefe geben und ihn mit mehr Achtsamkeit verbringen. Die Schärfung meiner Sinne wird mir helfen, in Momenten der Unachtsamkeit wieder wachsamer zu sein.

Damit ich am Tag ausreichend Zeit für Achtsamkeit habe, werde ich sie in Zukunft in meine Morgen- und Abendroutine einbetten.

Es gibt verschiedene Situationen, in denen es mir schwerfällt, achtsam zu sein, zum Beispiel am Abend, wenn ich müde bin und am Morgen, wenn ich mich noch nicht wach fühle. Auch wenn ich von der Uni nach Hause komme, verspüre ich wenig Energie, mir zu überlegen, wie ich die Zeit bis zum Zubettgehen achtsam gestalten könnte. Ich möchte mich entspannen, etwas Leckeres essen oder vielleicht einen Film im Fernsehen anschauen. Natürlich gibt es auch Abende, an denen ich mehr Energie verspüre, mich verabrede oder einem meiner Hobbies nachgehe.

Bisher habe ich mir nicht die Zeit genommen, meinen Alltag achtsam und bewusst zu gestalten, aber dies möchte ich ändern.

Achtsamkeitsübung

Für meine Freundin Pauline, der manchmal der Blick für die kleinen Dinge fehlt.

Nimm dir heute bewusst Zeit für dich. Wie wäre es mit einem Spaziergang? Du könntest in die Natur gehen oder dir einen nahegelegenen Park suchen. Oder hast du eine andere Idee? Lass deine Intuition bestimmen, wo es langgeht. Vielleicht entdeckst du während eines Spazierganges einen abgelegenen Bachlauf, eine kleine Lichtung oder einen Buchenhain.

Stelle dir vor, du hörst plötzlich so gut wie ein Luchs, riechst so gut wie ein Hund oder deine Hände sind um ein Vielfaches feinsinniger. Was nimmst du wahr?

Nimm dir Zeit, um achtsam deine Umgebung in dich aufzunehmen. Dir werden Details und Kleinigkeiten ins Auge springen, die dir sonst vielleicht nicht auffallen. Lass die Langsamkeit und Entschleunigung in dein Innerstes vordringen. Versuche dich nicht abzulenken oder mit den Gedanken ab- oder umherzuschweifen.

Nutze diese kleine Auszeit zur Entspannung. Ich bin mir sicher, dass du auf diese Übung in Zukunft gerne zurückgreifen wirst, denn es wird dir danach viel besser gehen, das weiß ich aus Erfahrung. Wenn du diese kleine Auszeit in deiner Mittagspause oder am frühen Morgen nimmst, wirst du danach frisch und energiegeladen in die kommenden Stunden starten.

Meine Abendroutine

In Zukunft werde ich meinem Körper, bevor ich mich zum Schlafen lege, die Möglichkeit zur Entspannung geben. Vielleicht werde ich spazieren gehen, oder Yoga machen, in einem Buch lesen oder eine Tasse Tee trinken. Die Gedanken und Impulse, die ich vor dem Zubettgehen empfange, werden meinen Schlaf positiv beeinflussen.

Bevor ich einschlafe, werde ich deshalb für ein paar Minuten über meinen Tag nachdenken und mir überlegen, wofür ich Dankbarkeit empfinde.

Wofür bin ich dankbar?

Es kann eine Situation sein, in der mir jemand sehr freundlich begegnet ist, mir vielleicht geholfen, mich gelobt, mir gezeigt hat, dass er mich schätzt und mag. Es kann ein Moment in der Natur gewesen sein, der besonders schön für mich gewesen ist. Auch für einen guten Einfall, eine Einsicht, ein leckeres Essen, ein nettes Telefonat, kann ich mich bedanken.

Und auch zu mir möchte ich Danke sagen:

Ich bedanke mich für mein einzigartiges Leben,
dass ich atme und mich bewegen kann.

Hier ist Platz um aufzuschreiben, wofür ich dankbar bin:

Ich werde mir auch eine hübsche Dose oder eine Box besorgen. In ihr werde ich meine Glücksmomente, die ich auf einen Zettel schreibe, aufbewahren. Wenn ich mich vielleicht einmal nicht gut fühle, werde ich die Zettel entfalten und mich mit ihnen wieder an wunderbare Glücksmomente meines Lebens erinnern. Ich werfe sie in die Luft, breite meine Arme aus und stelle mir vor, dass ich in einem Glücksregen stehe. Dies werde ich auch ohne die Zettelchen machen, wenn ich spüre, dass der geeignete Zeitpunkt für mich gekommen ist.

Dies ist mein Vorsatz:

Ich sammle Glück und verteile es für mich und andere.
Ich ziehe Glück wie ein Magnet an.
Ich möchte anderen Menschen wertschätzende Komplimente machen, liebevoll und nachsichtig mit ihnen umgehen, mich bei ihnen für etwas bedanken und ein Lächeln auf ihr Gesicht zaubern.

Meinen Glücksstein werde ich in Zukunft, bevor ich das Licht ausmache, zur Hand nehmen. Ich werde meine Augen schließen und ihn mit meiner Dankbarkeit füllen, dann werde ich ihn unter mein Kissen legen, mit guten Gedanken und einem wohligen Gefühl einschlafen und mit einem ebenso angenehmen Gefühl erwachen.

In der Nacht, wenn ich vielleicht unerwartet erwache, werde ich meinen Glücksstein berühren und meine Gedanken zur Dankbarkeit lenken, so werde ich mit angenehmen Gedanken und Gefühlen wieder einschlafen. Sollte ich Schwierigkeiten mit dem Einschlafen haben, bedanke ich mich, von Kopf bis Fuß, bei meinem Körper. Meine Dankbarkeit beruhigt meinen unruhigen Geist und lässt mich hoffentlich wieder einschlafen.

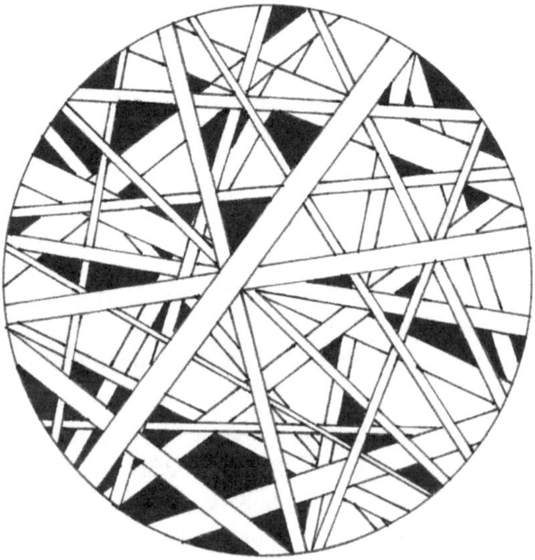

Dankbarkeit für all das Wunderbare in unserem Leben schenkt mir Energie und Leichtigkeit.

Ich werde glücklich sein und schätzen, was mir geschenkt wurde.

Glücks-Meditation

Für meine Freundin Pauline

Genieße jeden wunderbaren Moment im
Hier und Jetzt.

Suche dir einen ruhigen Platz, an dem du dich ungestört, geborgen und wohlfühlst. Setze dich aufrecht und entspannt hin und schließe deine Augen. Genieße diesen Moment bewusst und horche in dich hinein. Was beschäftigt dich? Woran denkst du gerade? Wie fühlst du dich? Wie fühlt sich dein Körper an? Bist du entspannt, fühlst du dich verkrampft?

Vertiefe deinen Atem, atme bewusst durch die Nase ein und aus und spüre, wie sich deine Bauchdecke hebt und senkt. Konzentriere dich auf deine Atmung und versuche nach und nach weniger zu denken, entspannt in diesem Moment anzukommen.

Stelle dir vor, dass du dich an deinem Lieblingsort befindest. Bist du am Strand, in den Bergen, oder in einem Park in der Großstadt? Wie fühlst du dich hier? Was macht dich hier so glücklich? Nach was riecht es, was hörst du?

Warum hast du diesen Ort gewählt? Schaue dich genau um und betrachte deine Umgebung. Was kennst du an diesem Ort in- und auswendig und worauf möchtest du beim nächsten Mal, wenn du dort bist, noch genauer achten?
Überlege dir, welchen glücklichen Moment du an diesem Ort oder in seiner Nähe verbracht hast.

Was macht ihn so einzigartig? Versuche dich genau an das wunderbare Gefühl zu erinnern, das du mit ihm verbindest. Fühlst du dich geborgen, fröhlich, glücklich?

Konzentriere dich auf das schöne Gefühl in dir, stelle dir vor, dass du dieses Glücksgefühl in ein Marmeladenglas füllst und den Deckel fest zuschraubst. Du kannst es öffnen, wann immer dir danach ist.

Genieße den Augenblick des Glücks und fühle ihn so intensiv, wie möglich. Dann konzentriere dich langsam wieder auf deinen Atem und lenke deine Sinneswahrnehmungen erneut auf das Hier und Jetzt und öffne langsam deine Augen. Bist du entspannt, kannst du deinen Glücksmoment noch fühlen?

MEDITATION ANHÖREN

www.gluecksbuch.smart-und-nett.de

Morgenroutine

Ich möchte in Zukunft früher in meinen Tag starten, weil mein Geist dann ganz wach ist und ich mir Zeit für mich nehmen kann, in der mich keiner stört und ich nicht durch Nachrichten, Botschaften oder andere äußere Einflüsse abgelenkt werde.

Dankbarkeitsritual

Bevor ich aufstehe, möchte ich meinen Glücksstein zur Hand nehmen und die Dankbarkeit, die ich am Abend hineingegeben habe, wieder abrufen. Ich bedanke mich bei mir und denke in Dankbarkeit an Menschen, die mir nahe sind, die ich sehr mag und liebe. Ein wunderbares Gefühl wird mich umhüllen und Empfindungen von Müdigkeit, Schlappheit, Antriebslosigkeit, Frust, Ärger, Traurigkeit, mit denen ich manchmal aufwache, vertreiben. Ich stelle mir vor, dass mir die Erledigungen meines Tages mit Leichtigkeit von der Hand gehen, darüber freue ich mich und bin sehr dankbar.

Ich werde auch für Monsieur Georges einen Glücksstein suchen, damit er ihm ebenfalls Glück und Wohlbefinden schenken wird.

Eine weitere Erkenntnis, die ich gewonnen habe, lautet:

Ein Lächeln am Morgen vertreibt Kummer und Sorgen.

Kleine Rituale für die Morgenroutine können sehr vielseitig sein. Nachdem ich meinen Glücksstein zur Hand genommen und mein Dankbarkeitsritual ausgeführt habe, lächele ich mich im Spiegel an. Vielleicht klingt ein Lächeln so bedeutungslos, aber ich bin meist der erste Mensch, den ich am Morgen sehe. Wieso sollte ich mich grimmig anschauen, wenn ich mir auch ein Lächeln ins Gesicht zaubern kann? Mit diesem Lächeln wecke ich angenehme Gefühle in mir.

Wenn ich mit einer ausgeglichenen Stimmung in den Tag starte, werden mich auch anstrengende Mitmenschen nur schwer aus diesem Zustand reißen können.

Zu meinem Morgenprogramm gehören in Zukunft:

Ein Glas Wasser auf nüchternen Magen und ein gesundes Frühstück mit Obst oder Porridge

Ein kleines Fitness-Programm

Eine kurze Mediation

Eine Lektüre, die mich interessiert und bildet, oder eine Sprache, die ich lernen möchte

Meine Routine wird die perfekte Grundlage sein, um mit Positivität, voller Energie und guter Gedanken in den Tag zu starten.

Bevor die Hektik des Tages beginnt,
nutze ich die frühen Stunden,
um Kraft und Energie zu schöpfen,
mich mit Gelassenheit auf den Tag einzustellen und
mich für meine Stärken und Genialität zu bedanken.
Diese Stunden lassen mich und meine Persönlichkeit
wachsen.

Mein »richtiges« Gefühl

Als ich im Labyrinth einige Minuten für mich hatte und, an die kühle Holzwand der kleinen Hütte gelehnt, einen Moment reflektierte, schrieb ich in kurzen Worten auf, was mir durch den Kopf ging:

Mir ist bewusst geworden, dass ich es nicht immer schaffe, mich unbefangen einer neuen Aufgabe zu widmen, deshalb möchte ich mir eine neue Gewohnheit aneignen: Bevor ich eine Tätigkeit beginne, halte ich kurz inne und überprüfe, wie ich mich fühle, und ob ich ausreichend Energie und Motivation habe. So spüre ich, ob ich bereit bin, mich meiner nächsten Aufgabe zu widmen. Wenn ich erkenne, dass ich mich vielleicht blockiert fühle, versuche ich, diesen Zustand zu verändern. Eventuell mache ich einen kurzen Spaziergang, um meinen Geist zu entspannen und neue Energie zu gewinnen.

Wenn ich mich für eine neue Aufgabe bereit fühle, starte ich mit einem möglichst ausgeglichenen, positiven Gefühl.

So coache ich mich, wenn es um Aufgaben im beruflichen Bereich geht, aber auch bevor ich mich meiner Familie oder Freunden widme oder entspannen möchte.

Es erinnert mich ein bisschen an ein Briefing in einer großen Firma. Durch diese Art des Coachings sollen dort Fehler und Unachtsamkeiten vermieden werden. Mein *Self-Coaching* unterstützt mich in allen Bereichen meines Lebens und ich benötige hierfür keinen Einfluss von außen.

Ich bin mir sicher, dass sich auf Dauer bestimmte Situationen in meinem Leben leichter anfühlen werden, denn durch die eigene, positive Programmierung vermeide ich bestimmte Stress- und Konfliktsituationen und verbinde sie von Anfang an mit einem angenehmen Gefühl. Auch unangenehme Situationen, wie beispielsweise einen Arztbesuch oder das Gespräch mit meinem Professor oder einem Chef, kann ich mit einem befreiten Gefühl verbinden.

Selbstreflektion

In den Wochen, die ich in Island verbracht habe, ist mir bewusst geworden, wie wichtig Selbstreflektion ist. Oft stecke ich im Alltag und in routinierten Abläufen meines Studiums fest und reagiere nur, anstatt bewusst zu agieren. Die Selbstreflektion zeigt mir, welche Dinge ich in meinem Leben verändern könnte und möchte.

Wichtig ist mir, dass ich hierfür Folgendes beachte:

Ich bin immer ehrlich zu mir.
Ich horche in mich hinein und höre auf mein Innerstes.
Ich nehme mir regelmäßig Zeit, um auf meine
Bedürfnisse zu achten.

Mein Notizbuch hat mir während meines Aufenthalts im Labyrinth sehr geholfen, ich habe meine Gedanken festgehalten und Erlebnisse und Erfahrungen notiert. Durch Fragen, die ich mir gezielt gestellt habe und regelmäßig stelle, überdenke ich meine Einstellung zu bestimmten Themen, reflektiere Erlebtes und schaffe so Raum für Verbesserungen und Optimierungen. Dies möchte ich in meinem Alltag beibehalten und regelmäßig notieren, was mich beschäftigt. Vielleicht wird der Abend dafür, kurz bevor ich ins Bett gehe, ein guter Zeitpunkt sein, oder auch die Ruhe in den frühen Morgenstunden.

Ich werde herausfinden, welcher Moment zum
Reflektieren für mich am besten ist.

Selbstfürsorge

Ich habe mir fest vorgenommen, dass ich mich mehr um mich selbst kümmern werde. Meiner Selbstfürsorge werde ich jeden Tag einen Platz einräumen und mir Zeit nur für mich nehmen. Ich möchte mich vital und gesund, ausgeglichen, positiv und voller Schaffenskraft fühlen.

Morgen nehme ich mir Zeit nur für mich

Morgen möchte ich meinen Tag mit einem Frühspaziergang beginnen und den unterschiedlichen Vogelrufen lauschen, denn dabei kann ich mich wunderbar entspannen, anschließend möchte ich eine halbe Stunde Yoga machen.

Yoga gibt mir innere Ruhe und Kraft. Mittags werde ich mir etwas Gutes kochen, das mich nicht müde macht und abends möchte ich einen guten Podcast hören. Vielleicht lese ich auch in einem Buch und mache einen Abendspaziergang.

In die Liste trage ich ein, was mir Ausgeglichenheit, Entspannung und Power gibt:

Der Tarnmantel

Häufig bin ich Menschen begegnet, die in mir kein gutes Gefühl ausgelöst haben oder ich fühlte mich in einer Gruppe nicht geborgen oder aufgehoben. Das Alleinsein in Island hat mir geholfen, mich ganz auf mich selbst zu konzentrieren und mich zu fragen:

Was fühle ich?
Was möchte ich?

Viele Menschen, die ich kenne, sind Mitläufer, sie horchen nicht in sich hinein, erkennen nicht ihre eigenen Bedürfnisse und nehmen dies einfach so hin, ohne etwas zu verändern. Ich bin stolz darauf, individualistisch zu sein und meinen Bedürfnissen zu folgen.

Gerade in unserer schnelllebigen und oftmals hektischen Welt, ist es wichtig, meine eigene Energie zu schützen und nicht von Menschen absorbieren zu lassen, die mir nicht guttun.
Das Sinnbild eines Tarnmantels hat mir geholfen, meine Energie zu schützen.

Für mich hat der Tarnmantel folgende Fähigkeiten:

Menschen, mit denen ich zusammenkomme, können meine Emotionen, Mimik und Gestik empfangen und meine positive Ausstrahlung spüren, obwohl ich mir einen Tarnmantel übergestreift habe. Negative Emotionen und Gedanken meiner Mitmenschen prallen an dem Mantel ab und gelangen nicht in mein Innerstes, so bleibe ich in meinem emotionalen Gleichgewicht. Wenn ich von meinem Gegenüber eine positive Resonanz spüre, habe ich nicht das Bedürfnis, mich zu schützen. Die Entscheidung, ob und wann ich den Mantel an- und ablege, liegt immer bei mir.

Ich achte außerdem darauf, dass ich andere mit meinen Gedanken nicht belaste, denn ich habe begriffen, dass ich nicht jeden Gedanken, der mich beschäftigt, oder jede „Story“, die ich höre, mit anderen teilen muss.

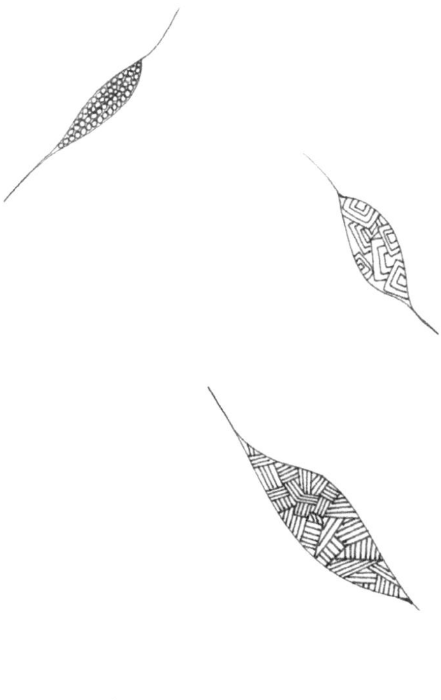

Kümmere dich liebevoll um dich selbst,
so leuchtest du wie ein heller Stern am
Firmament.

Gesundheit

Es hat mich tief berührt, dass Maurice sich große Sorgen um seine Gesundheit machte. Dies ist mir sehr nahe gegangen, denn dieser Moment zeigte eine starke Verletzlichkeit.

Das Wichtigste in meinem Leben ist meine
Gesundheit!

Meine Gesundheit trägt mich zuverlässig durch
mein Leben!

Mein Körper ist mein Haus, ich kann mich nur „wohlfühlen und glücklich sein, wenn die Mauern nicht zerfallen und alle Strom- und Wasserleitungen funktionieren". Deshalb möchte ich meinen Körper und meine Gesundheit schützen.

Mir ist bewusst geworden, dass viele Menschen erst über ihre Gesundheit nachdenken, wenn es ihnen nicht gut geht und sie daran erinnert werden, dass ihr Leben endlich ist.

Ich habe beschlossen:

Ich achte mehr auf meine Gesundheit,
damit es meinem Körper und meinem Geist
immer gut geht.

Ich möchte …

… genau überlegen, was ich esse.
… darauf achten, dass ich genug trinke.
… auf meinen Körper hören.
… Auszeiten nehmen.
… Energie tanken.
… ausreichend schlafen.
… mindestens zehn Minuten am Tag spazieren gehen, um meine Energie ins Fließen zu bringen.
… Impulsen folgen, Freunde und Freundinnen treffen, ein Bad nehmen oder Joggen gehen.
… mit einem Buch oder guter Musik entspannen.
…, dass sich Aktivitätsphasen und Ruhephasen abwechseln.

In Momenten, in denen mir bewusst ist, wie gut es mir geht, bin ich dankbar für meine Gesundheit.

Folgendes versuche ich umzusetzen:

Ich möchte mich bewusster ernähren und kochen und auf dem Markt frisches Obst und Gemüse einkaufen, so werde ich meinen Körper mit natürlichen Inhaltsstoffen beglücken und mehr Energie haben, denn fette und süße Speisen machen mich schnell müde und sind im Übermaß ungesund. Ich möchte drei Mahlzeiten pro Tag zu mir nehmen, ein spätes Frühstück, ein spätes Mittagessen und ein frühes Abendessen. Ich möchte nur essen, wenn ich hungrig bin und nur so viel, bis ich satt bin, denn dies unterstützt meinen natürlichen Energiekreislauf. Ich werde mit weniger Hektik und ausreichend Achtsamkeit die Mahlzeiten zu mir nehmen.

Gesundheit ist das höchste Gut, ich kann sie
mir nicht kaufen. Nur mit guter Gesundheit
und ausreichender Fitness für meinen Geist und
meinen Körper kann ich mein Leben genießen.

Ich habe verstanden, wie wichtig meine Gesundheit ist und dass es zählt, an meinem Lebensende nicht der reichste und erfolgreichste Mensch im materiellen Sinne zu sein, sondern einen inneren Reichtum zu finden und anzustreben.

Naturverbundenheit

Die Natur hat ihre eigenen Gesetze, die ich nur beobachten, aber nicht verändern, kann.

Ich bewege mich sehr gerne in der Natur und möchte mich regelmäßig mehr im Freien aufhalten.

Die Natur bietet mir die Möglichkeit, dass ich mir eine Auszeit nur für mich nehme. Ich möchte mich häufiger in der Natur aufhalten und in den Wald gehen, vielleicht kann mich Monsieur Georges auch einmal begleiten. Der Natur wohnt ein besonderer Zauber inne, das habe ich im Labyrinth erlebt, sie spricht all meine Sinne, mit ihren Düften, Klängen und Farben, an. Auch das haptische Erlebnis ist wunderbar, wenn ich zum Beispiel barfuß einen Waldweg entlanggehe oder über die Borke eines Baumes streiche. Auch Léa hat das gespürt, als sie unter dem Schmetterlingsbaum saß und über das weiche Moos strich.

In Island habe ich gespürt, dass ich in der Natur innere Ruhe finden kann. Zuhause, ganz in meiner Nähe, gibt es einen Bachlauf, an dem eine Bank steht, dort möchte ich mich häufiger hinsetzen, die Natur- und Tiergeräusche und die Stille genießen. Vielleicht lege ich mich auf die Wiese und betrachte die Wolken am Himmel. Doch nicht nur die Stille ist ein Geschenk, es sind auch die vielseitigen Geräusche der Natur. Ich möchte verschiedenste Natursymphonien entdecken.

Bisher habe ich den Wandel der Jahreszeiten so hingenommen, doch dafür ist er viel zu einzigartig, ich möchte lernen, den Wechsel der Jahreszeiten bewusst zu genießen und zu bestaunen. Ich möchte fühlen, dass auch ein Regentag im Herbst etwas Wunderschönes ist und ich auf einem Regenspaziergang viel entdecken und genießen kann.

Wie heißt es doch so schön:

Auf Regen folgt Sonnenschein.

Ich liebte es, als mich der Wind in Island durchpustete und hin- und herschaukelte. Mir ist bewusst geworden, dass Natur auf jeden Menschen eine befreiende Wirkung haben kann.

Wenn ich
auf das weite Meer hinausblicke,
einen Sonnenuntergang anschaue,
einen Regenbogen erblicke,
in einem frisch verregneten Wald spazieren gehe,
sind das für mich Momente vollendeten Glücks.

Ich möchte mich immer wieder fragen:

Wo fühlt und hört sich Natur für mich
besonders schön an?

Wo empfinde ich den Duft der Natur am
lieblichsten oder intensivsten?

Wo halte ich mich gerne auf?

Eines weiß ich genau, ich habe Island mit seinen außergewöhnlichen Naturschauplätzen fest in mein Herz geschlossen und werde wieder dorthin reisen. Es ist ein Ort, der mich aufblühen und Glück fühlen lässt.

Meine Erkenntnis, die ich gewonnen habe, lautet:

Ich kann frei sein, wie ein Schmetterling,
bunt, wie ein Regenbogen und fröhlich, wie ein Schaf,
es ist an mir zu wählen,
wer ich heute sein möchte.

Für mich schmeckt Kindheit nach Himbeeren und Erdbeeren aus dem Garten. Dies wird eine Liste, in die ich besondere Kindheitserinnerungen eintragen möchte, die ich mit der Natur verbinde:

Virtuelle Welt adé

Ich habe mir vorgenommen, meine Zeit nicht mehr mit sinnlosen Dingen zu vergeuden, denn kein Tag kommt zurück.

Ich möchte mich weniger digital ablenken lassen, denn die virtuelle Welt stiehlt mir Stunden meines Lebens.

Ich möchte reale Unterhaltungen führen.

Ich habe begriffen, dass mich mein Handy und die digitale Welt in vielen Momenten des Lebens sehr ablenkt. Dadurch, dass ich in Island keinerlei Nachrichten empfangen konnte, verlor mein Handy seine Bedeutung und ich habe viel bewusster gelebt. Ich habe den wenigen Menschen, mit denen ich Kontakt hatte und auch mir selbst, meine volle Aufmerksamkeit geschenkt und Dinge getan, für die ich mir sonst keine Zeit nehme.

Ich denke, ohne virtuelle Ablenkung wird sich meine Konzentrationsspanne beim Arbeiten oder Lernen deutlich verbessern. Auch werde ich bestimmten Momenten, die mir meist selbstverständlich erscheinen, mehr Aufmerksamkeit und Achtsamkeit schenken, beispielsweise, wenn ich mich mit Freunden unterhalte, koche, lese oder fotografiere.

Ich habe auf meiner Reise gemerkt, wie viel freier ich mich fühle, wenn ich mich nicht ständig vergleiche, das scheinbar perfekte Leben anderer im Internet vor mir sehe und mich dadurch nicht immer gut fühle. Nichts und niemand ist perfekt, so wie es manchmal scheint, jeder Mensch ist individuell, hat Stärken und Schwächen und sieht nicht an jedem Tag gut aus.

Ich lasse mich nicht von einer virtuellen Scheinwelt blenden und lebe mein eigenes Leben bewusst, mit allen Höhen und Tiefen.

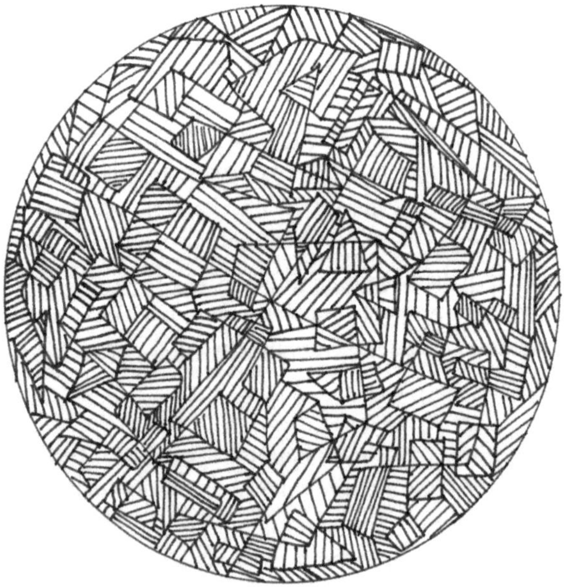

Authentizität

Ich bleibe mir treu, denn *ich* bin *ich*.

Ich vergleiche mich nicht mit anderen, so wie ich bin, bin ich einzigartig, vollkommen und großartig.

Ich nehme mich an.

Claire hat in ihrem Abenteuer im Labyrinth etwas unsanft erfahren, wie wichtig, und vor allem wunderschön, Authentizität ist.

Auch ich möchte meine innere Schönheit kennenlernen und mich so natürlich geben wie möglich. Mich gibt es nur einmal. Ich darf mich zeigen, wie ich bin, mit all meinen Emotionen, ich muss mich nicht verstellen. Ich möchte Menschen mit ehrlichen Emotionen kennenlernen, bei denen ich weiß, woran ich bin, die mich annehmen, wie ich bin, die zu mir stehen, mich unterstützen, mit mir lachen oder auch mal weinen. Solche Menschen sind Freunde und Weggefährten.

Ich möchte authentisch sein. Vielleicht werde ich merken, dass sich manche Freundschaften verlaufen und neue hinzukommen, das ist gut so. Ich möchte, dass mich Menschen umgeben, die mir guttun und mich so akzeptieren, wie ich bin.

Ich habe erkannt, dass ich nicht das Gefühl haben muss, perfekt sein zu müssen. Manchmal begegnen uns Personen, bei denen wir denken, dass sie vollkommen oder *besser* sind als wir. Doch diese Menschen haben sich vielleicht nur ein gutes Image aufgebaut und zeigen nach außen eine glatte und nahezu perfekte Seite.

Niemand ist perfekt.

Fehler und Schwächen machen uns nahbar
und sympathisch.

Meine Individualität macht mich stark.

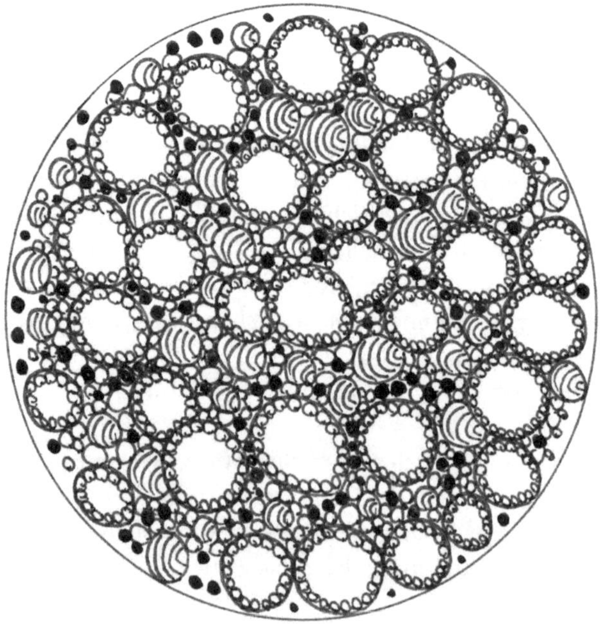

Vertrauen

Ich vertraue mir.

Ich vertraue ins Leben.

Ich vertraue darauf,
dass ich die richtigen Menschen treffe,
dass ich zur richtigen Zeit am richtigen Ort bin,
dass ich mich geborgen und geliebt fühle
und dass mein Wunder mich findet.

Vertrauen ist der Schlüssel zum Glück.

Ich erinnere mich an Momente in meinem Leben, in denen ich zu viel nachdachte und nicht ausreichend darauf vertraute, was mir mein Herz sagte und wohin es mich führen wollte.

Vertrauen ins Leben, in meine Fähigkeiten, meine Wünsche und Herzensangelegenheiten, das alles ist Vertrauen in mich selbst. Nur wenn ich dies fühle, kann ich ein Ziel wirklich erreichen. Es ist wunderbar, dass mich andere Menschen inspirieren und mein Vorbild sein können, aber ich vertraue darauf, dass ich meinen eigenen Weg finden werde.

Wenn wir uns mit den Menschen umgeben, mit denen sich unser Herz verbindet, können wir darauf vertrauen, dass da jemand ist, der uns auffängt, wenn wir mal ins Straucheln geraten oder stolpern.

Dies habe ich gelernt:

Wenn wir uns und unseren Stärken vertrauen,
können wir Hürden überwinden.

Wenn ich mir Vertrauen schenke,
werde ich meine Wünsche, Träume und Ziele
entspannt, mit Freude und Glücksgefühlen
erreichen.

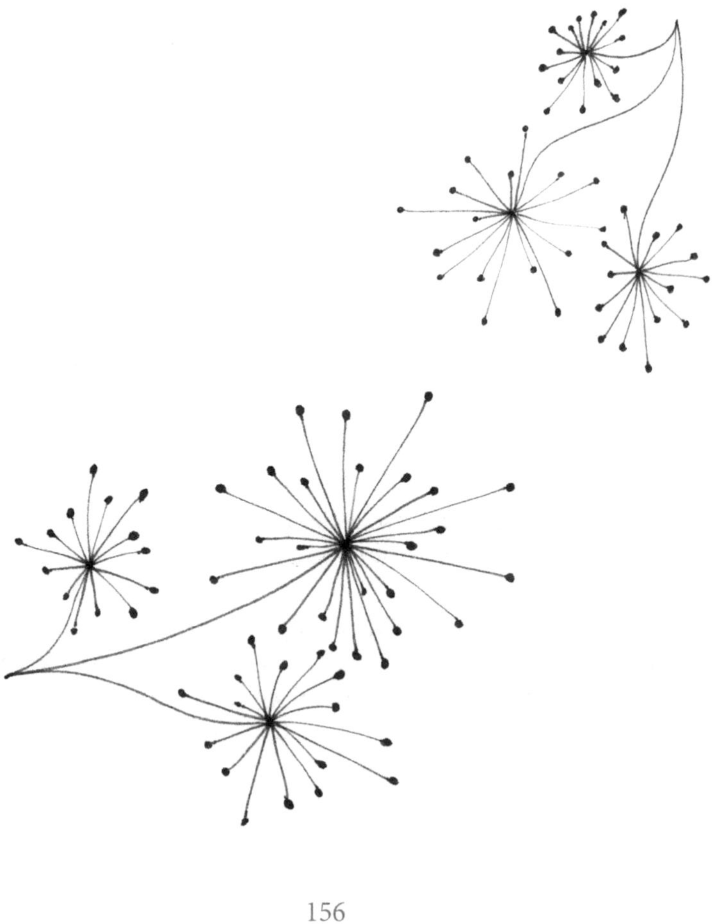

Selbstvertrauen und Selbstbewusstsein

Um den Begriff des Selbstvertrauens besser zu verstehen, habe ich mir Gedanken gemacht, was eigentlich Selbstbewusstsein bedeutet.

Meine Erkenntnis, die ich dazu gewonnen habe, lautet:

Häufig werden die Begriffe *Selbstvertrauen* und *Selbstbewusstsein* im Sprachgebrauch nicht ganz richtig verwendet. Sprechen wir über Menschen mit viel Selbstbewusstsein, meinen wir jemanden, der nach außen hin eine große Sicherheit und Stärke ausstrahlt. Das Wort Selbstbewusstsein bezieht sich jedoch vor allem darauf, *sich selbst bewusst zu sein.* Es geht nicht um das Verhalten einer Person und deren Ausstrahlung nach außen, sondern um die Haltung sich selbst gegenüber.

***Sich selbst bewusst zu sein*, bedeutet:**

Seine Stärken und Schwächen zu kennen,
zu wissen, in welchen Momenten man sich öffnen
oder lieber zurückziehen sollte.

Selbstvertrauen entsteht:

Durch bewusste Eigenwahrnehmung.

Selbstvertrauen bedeutet für mich:

„Was ich getan, erreicht, erschaffen habe, ist gut, so
wie es ist.“

**Dieser Glaubenssatz macht mich stark und vertreibt auf-
kommende Zweifel:**

Das schaffe ich, das kann ich,
ich vertraue in mich und meine Fähigkeiten.

Ich widme meine Zeit den schönen Dingen des Lebens!

Seele

Wenn meine Seele frei, rein und voller Liebe ist,
kann ich glücklich sein

Die Erlebnisse im Labyrinth haben mich tief bewegt. Ich habe begriffen, dass die Reinheit meiner Seele im Laufe meines Lebens, durch all das, was ich erlebe, unter einem Schleier des Selbstschutzes verdeckt wird. Nur, wenn ich den Schleier öffne, kann ich es schaffen, wirkliches Glück zu empfinden. Ich habe durch die anderen gesehen, was Glück bedeutet und möchte herausfinden, wie sich mein eigenes Glück anfühlt.
Deshalb habe ich mich mehrfach auf meinen Spaziergängen gefragt:

Was sucht meine Seele hier auf Erden?

Meine Antwort ist:
Bedingungslose Liebe, Leichtigkeit und
Erfüllung.

Wo ist mein Seelenort hier auf Erden? Diesen besonderen Ort habe ich in Island gefunden, dort fühlt sich meine Seele leicht an, ich bin von innerer Ruhe erfüllt, so stark, dass sie nicht zulässt, dass ich mich verliere. Wenn ich in der Natur bin, schwingt meine Seele freier, dort fühle ich mich inspiriert, beschwingt, ruhig und lebendig zugleich. Die Schwere des Alltags fällt nach und nach von mir ab.

Der Seelenort ist für jeden Menschen ein anderer, die Antwort auf die Frage, wo man ihn finden wird, ist eindeutig:

Mein Innerstes wird mir
den richtigen Weg zu meinem Seelenort weisen.

Ich bin der festen Überzeugung, dass jede Seele etwas Besonderes zu dieser Welt beitragen kann und in gewisser Weise ihre eigene Sprache spricht. Manche Menschen malen, kochen, schreiben, lachen, pflegen, unterstützen oder heilen Menschen und bringen ihre Seele so zum Schwingen. In mir und in jedem von uns stecken schöpferische Kraft und Potenzial, die genutzt werden möchten und mir und anderen guttun.

Folge ich meinem Seelenruf,
so werde ich glücklich sein.

Das Grundrecht meiner Seele

sind Freiheit, Erfüllung und Liebe.

Intuition

Meine Intuition wird von nun an meine wichtigste Begleiterin und vor allem Anführerin sein. Im Labyrinth haben die Freunde intuitiv ihren Weg gewählt, der zu ihnen passte, er hat sie vor Herausforderungen gestellt, sie wachgerüttelt und ihnen die Augen geöffnet. Auch ich bin intuitiv den einzelnen Pfaden gefolgt, habe viel über mich gelernt und Inspirationen und Anregungen sammeln können, um mein eigenes Denken zu verändern.

In meinem Alltag möchte ich in Zukunft meine Intuition fördern, indem ich meinem Gefühl folgend nach dem Weg suche, der sich richtig anfühlt. Ich bin gespannt, welche Schönheiten und *kleinen Abenteuer* er für mich bereithält. So werde ich mehr in mich hineinhorchen und meiner Intuition folgen.

In meinem Inneren klingt häufig die Stimme, die mir Nachteile und Hindernisse aufzeigen möchte. Ich weiß, dass sie mich nur schützen und davor bewahren möchte, aus meiner Komfortzone herauszutreten. Wenn ich diesen geschützten und sicheren Bereich verlasse, werden sich neue, besondere Wege für mich öffnen. Meine Intuition wird mir zeigen, wann der richtige Zeitpunkt gekommen ist, neue Ziele zu stecken und wichtige Entscheidungen zu treffen.

Das Leben ist reich an wunderbaren Momenten
und Erlebnissen, die ich genießen werde.
Ich werde meiner Intuition folgen.

Sinn

Was ist der Sinn meines Lebens? Ich möchte wissen, was meine Aufgabe ist, was ich hier auf dieser Welt bewirken kann und warum es mich gibt.

Ich habe versucht, mir die Frage nach dem Sinn des Lebens selbst zu beantworten. Eine Erkenntnis hat mich dabei besonders fasziniert:

Jeder der Freunde hat im Labyrinth etwas anderes erlebt, Bedrückendes hinter sich gelassen und Glück gespürt. Die persönlichen Erlebnisse im Labyrinth haben sie daran erinnert, was sie kurz- oder langfristig verloren oder bis zu diesem Tag nie gefunden hatten. Der Besuch im Labyrinth hat ihnen die Chance gegeben, in ihrem Leben etwas zu verändern. Mir ist bewusst geworden, dass jeder seine eigenen Aufgaben und Herausforderungen im Leben hat. Nur wenn ich mich bemühe, nach Glück, Liebe und Erfüllung zu streben, werde ich meine Berufung und den Sinn in meinem Leben finden.

Sich nach dem Sinn des Lebens zu fragen, klingt nach einer großen und mächtigen Fragestellung, aber eigentlich ist die Antwort darauf ganz einfach. Wenn ich täglich praktiziere, was ich liebe, die kleinen Momente schätze, dann werde ich mich glücklich und erfüllt fühlen und Sinnhaftigkeit spüren. Wenn ich keine Sinnhaftigkeit spüre, bedarf es dem übergeordneten Wunsch und Bestreben, den jetzigen Zustand zu verändern, um neue Gefühle und Positivität in meinem Leben zu integrieren.

Sobald ich meine Erfüllung gefunden habe, kann ich mit Leichtigkeit mit anderen Menschen in Interaktion treten. Auf dieser Ebene werde ich noch einmal eine neue und tiefere Sinnhaftigkeit erfahren können, denn wir teilen mit unseren Mitmenschen und geben uns gegenseitig Liebe, Vertrauen und Freundschaft.

Uns Menschen verbindet, dass wir nach Glück, Liebe und Erfüllung streben, aber jeder muss seinen eigenen Weg an dieses Ziel finden und einzelne Wegabschnitte als Etappenziele betrachten.

Jeder Tag trägt besondere Glücksmomente in sich.

Folgenden Ratschlag möchte ich meiner Freundin Pauline geben:

Um den Sinn deines Lebens fühlen zu können, musst du dich zuallererst gut kennenlernen und herausfinden, was deine Profession ist und wo du deine Berufung siehst. An dem Tag, an dem du dich dafür entscheidest, deiner Profession zu folgen, darin immer besser wirst und wächst, wirst du den Sinn deines Lebens gefunden haben und Glück spüren.

Innere Stimme

Ich erkenne meine Stärken, Schwächen und Grenzen, akzeptiere sie und gehe achtsam mit mir um.

Ich fordere meine Stärken heraus und optimiere sie.

In der Stille und Ruhe Islands ist mir bewusst geworden, wie viele Gedanken mir täglich durch den Kopf gehen, und dass ich im dauerhaften inneren Dialog mit meiner inneren Stimme stehe. Mir fiel auf, dass es kaum einen Moment gab, in dem dies nicht so war. Ich versuchte zu reflektieren und herauszufinden, was für eine Bedeutung diese Gedanken haben und wie sie mich beeinflussen. Tag für Tag wurde mir klarer, dass sie sowohl meine Stimmung beeinträchtigen als auch meine Fähigkeit, entspannt durch meinen Tag zu gehen, Freude zu finden, unvoreingenommen Menschen zu begegnen und viele kleine Momente zu schätzen.

Ich möchte ab jetzt meiner inneren Stimme wieder mehr Positivität verleihen, ich muss nicht perfekt sein und auch nicht alles richtig machen, denn schließlich lerne ich aus meinen Fehlern.

Claires Erlebnis am Seerosenteich hat mich daran erinnert, wie sehr uns bestimmte Gedanken blockieren können. Sie nahm sich die Kritik ihrer Schulkameraden zu Herzen, die Worte anderer waren ihr so nahegegangen, dass sie sich verstellt hatte.

Ich achte darauf, dass meine innere Stimme nicht gegen mich redet, sondern mich auffordert, mutig zu sein und meine Träume zu verfolgen, denn durch Claire habe ich gemerkt, dass es passieren kann, sich selbst zu verlieren, oder viel zu lange an „falschen Meinungen" festzuhalten.

Meine innere Stimme hat täglichen Gesprächsbedarf, sie spricht mit mir mehr als ich mit meinen Eltern oder meinen Freunden und Freundinnen. Mit mir werde ich am Ende meines Lebens die allermeiste Zeit verbracht haben. Um glücklich zu sein, werde ich mir bewusster Liebe, Zuneigung, Mut, Vertrauen und Respekt schenken.

Dadurch, dass ich viel allein war, habe ich gemerkt, dass mir die Zeit mit meiner inneren Stimme nicht nur neue Erkenntnisse, sondern auch Ruhe und neue Energie geschenkt hat. Ich fühle mich nun geduldiger und zufriedener. Außerdem habe ich mich gefragt, was ich im Leben wirklich möchte und was mir guttut.

Ich behandele nicht nur andere Menschen mit
Respekt, sondern bin besonders respektvoll mit
mir selbst.

Ich schenke mir Liebe,
und versuche, meine Talente zu erkennen.

Ich bin großartig!

Meine liebsten vier Werte sind Mut, Leichtigkeit, Vertrauen und Positivität. Bestimmt fallen mir demnächst noch weitere Werte ein, hier möchte ich sie eintragen:

Entscheidungen treffen

Ich denke in Lösungen und bleibe mir treu.

Ich habe gemerkt, wie wichtig es ist, allein, ohne Druck und den Einfluss anderer Menschen, meine Gedanken zu ordnen. Aber auch der Austausch mit Personen, die mir vertraut sind, tut gut! Freunde oder Familienmitglieder können aber nicht immer unbefangen beraten. Sie sehen häufig, welche Konsequenzen bestimmte Entscheidungen, nicht nur auf mein Leben, sondern auch auf ihr eigenes, hätten.

Ich möchte immer auf mein Herz hören und in mein Innerstes fühlen. Ich glaube, dass es am wichtigsten ist, sich selbst zu fragen:

Wie fühle ich mich, wenn ich diese
Entscheidungen getroffen habe?

Ein Wechsel der Umgebung kann beim Treffen einer Entscheidung helfen. Ein Spaziergang oder das Anfertigen einer Liste mit Vor- und Nachteilen bringen meine Gedanken wieder ins Fließen.

Nun weiß ich, dass Veränderungen und Entscheidungen immer Mut erfordern und manchmal muss ich meine Komfortzone verlassen, um einen neuen Weg einzuschlagen.

Ich bin offen und bereit für die Momente, in denen sich mir neue Türen öffnen und gehe mutig durch sie hindurch!

Veränderungen

Ich erschaffe mein Leben.

Veränderungen erfordern zuerst Mut, dann Durchhaltevermögen und schließlich können wir genießen, was wir erreicht haben.

Die Freunde haben mit ihren Erlebnissen und den wunderbaren Erkenntnissen, die sie individuell gewonnen haben, den Grundstein für Veränderungen in ihrem Leben gelegt. Sie sind bereit, neue oder leicht veränderte Wege zu gehen, um sich in Zukunft glücklicher und ausgeglichener zu fühlen. Philippe möchte wieder nach traditionellen Rezepten kochen und die Makro Küche hinter sich lassen, Pierre möchte sich wieder bunter kleiden und neue Farbe in seinem Leben zulassen und auch ich bin bereit für Veränderungen.

Veränderungen schaffen Raum für Neues, für Chancen und Erkenntnisse, ich brauche mich vor ihnen nicht zu fürchten. In Momenten, in denen mir neue Schritte schwerfallen, denke ich darüber nach, was mir eine Veränderung alles schenken und welchen Freiraum sie schaffen kann. Ich möchte den Gedanken *Was wäre, wenn …* zulassen und mit Neugierde und Mut meine Wege einschlagen.

Alle denken an das Verändern der Welt, aber niemand denkt daran, sich selbst zu verändern.
Leo Tolstoi

Ich werde nie vergessen:

Für Veränderungen ist es nie zu spät!

Fokussierung

Heute ist mir klar geworden, wie wichtig es ist, den *richtigen Fokus* im Alltag zu haben. Ich habe viele Träume und Wünsche, um sie mir zu erfüllen, möchte ich lernen, mich auf die richtigen Dinge zu fokussieren, denn es ist ein Unterschied, ob ich den ganzen Tag beschäftigt bin, aber nicht das leiste, was ich mir vorgenommen habe, oder wirklich produktiv zu einem Ergebnis gelange. Ich werde meine Wünsche und Ziele notieren und eine Liste erstellen mit Aufgaben, auf die ich mich konzentrieren und fokussieren möchte. Ebenso werde ich notieren, was ich in Zukunft gerne vermeiden möchte und eine Ablenkungsliste anfertigen und aufschreiben, welche Abläufe oder Handlungen der Zerstreuung dienen und meine Aufmerksamkeit damit überlasten.

Ich habe viel darüber nachgedacht, wie ich meinen Alltag gestalten werde. Ein großer Teil meines Tagesablaufs besteht aus Routinen, über die ich nicht nachdenke, ein weiterer Teil sind Aufgaben, die meine Konzentration und meine Kreativität erfordern.

In Zukunft werde ich besser auf die Qualität dieser Aufgaben achten und meine Aufmerksamkeit gebündelt auf meinen Arbeitsablauf richten. Die Strukturierung meiner Woche durch eine zeitliche Planung der wichtigsten Aufgaben wird mir helfen, meinen Alltag effektiver zu gestalten.

Um meinen Gedanken Erholung zu geben, integriere ich kleine Brainstorming-Phasen, so ermüde ich weniger schnell und es entstehen neue gedankliche Verknüpfungen und gute Ideen.

Um jeden Tag mit der richtigen Intention und Energie zu starten und mich auf die wesentlichen Dinge zu fokussieren, werde ich mir künftig folgende drei Fragen nach dem Aufwachen stellen:

Worauf freue ich mich heute am meisten?

Welchen Menschen möchte ich heute eine Freude machen?

Welche Aufgabe ist für mich am heutigen Tag von besonderer Bedeutung?

Perspektivwechsel

Ich möchte in meinem Leben wieder mehr Vielfalt und Neugierde spüren. Neue Perspektiven können mir helfen, besondere Momente zu erleben, das habe ich im Labyrinth gesehen.

Wir Menschen lieben Gewohnheiten, denn sie geben uns das Gefühl der Sicherheit und Beständigkeit. Gewohnheiten sind in vielen Situationen gut und förderlich, denn bestimmte Routinen helfen uns, Struktur in unseren Tag und unser Leben zu bringen. Aber der Blick aus der Gewohnheit heraus und der Versuch, sie zu überlisten und etwas Neues zu versuchen, kann sehr erfrischend und belebend sein. Ich möchte in Zukunft über den Tellerrand hinausblicken, dies lässt mich neue Perspektiven erkennen, die mir helfen können, neue Aufgaben zu bewältigen und eventuell einen neuen Weg zu gehen.

Daher möchte ich mutig sein und mich neue Dinge trauen und bereit sein für das ein oder andere Abenteuer.

Außerdem werde ich mich regelmäßig mit Menschen austauschen, die mir nahestehen oder die ich neu kennenlerne, dies erweitert meinen Horizont und schenkt mir neue Erkenntnisse. Solche Begegnungen sind wunderbar und inspirierend und lassen mich Erlebnisse und Erkenntnisse aus einer anderen Perspektive sehen. So habe ich die Möglichkeit Neues zu erfahren und meinen eigenen Blickwinkel zu überdenken.

Es kommt immer auf die Perspektive an, aus der
ich etwas betrachte.

Ich möchte mir überlegen, was ich gerne einmal Neues versuchen möchte. Vielleicht besuche ich ein Restaurant mit einer fremdländischen Küche, probiere eine neue Sportart aus oder kaufe mir ein, für mich außergewöhnliches, Kleidungsstück. Hier notiere ich meine Ideen:

Ich denke im Überfluss, nicht im Mangel!

Erinnerungen verarbeiten

Auf meinen Wegen durch das Labyrinth habe ich erkannt, dass es helfen kann, sich mit seiner Vergangenheit und seinen Erinnerungen auseinanderzusetzen. Weglaufen und Verdrängen von nicht so positiven Erlebnissen hilft nicht, denn irgendwo in mir schlummern Gefühle, die verarbeitet werden möchten, sie können sich auflösen und so ihre bedrückende Bedeutung verlieren.

Ich möchte versuchen, meine Vergangenheit mit Liebe zu betrachten und mit mir in Momenten, in denen mich Erinnerungen beschweren, liebevoll umzugehen und für mich da zu sein. Wenn ich in eine Situation gerate, die mir Unwohlsein bereitet, möchte ich nach ihrem Ursprung suchen und mich fragen: Was ist der Auslöser für dieses unangenehme Gefühl?

Emotionen wie Trauer, Wut oder Schmerz akzeptiere ich, doch ich möchte versuchen, sie nach und nach mit Liebe zu betrachten und sie als Teil meines Lebens anzuerkennen. Ich bin heute der Mensch, der ich bin, weil ich viele unterschiedliche Erfahrungen gemacht habe. Auch für die schweren Momente darf ich ein Gefühl des Dankes empfinden, denn ich habe aus ihnen gelernt und sie haben mich stark gemacht.

Für unser Leben ist unsere Kindheit ein sehr prägender Lebensabschnitt. Ab und zu möchte ich wieder frei sein wie ein Kind und Leichtigkeit, Unbeschwertheit, Fülle und die Farbenvielfalt meines Lebens genießen. Ich wünsche mir, wieder so kreativ wie früher zu sein, möchte mich für einen Sport begeistern und Teil eines Teams werden.

Mir ist bewusst geworden, dass mir Individualität wichtiger ist als je zuvor. Als Kinder und Jugendliche fühlen wir uns in vielen Momenten nur stark, wenn wir zu einer Gruppe gehören. Jetzt möchte ich meine eigenen Erfahrungen machen und neue, individuelle Erinnerungen sammeln. Was die anderen machen, tritt für mich in den Hintergrund, ich möchte mein Leben nach meinen Vorstellungen gestalten und mit Menschen teilen, die mich so annehmen, wie ich bin. So werde ich wunderbare, neue Erinnerungen schaffen.

Ich fühle mich ab und zu wieder so frei, wie ein Kind.

Ich halte wunderbare Erinnerungen in meinem Herzen fest.

Meine Energie widme ich dem Hier und Jetzt, denn es ist dieser Moment, der zählt!

Die Erlebnisse von heute sind die Erinnerungen von morgen!

Gemeinschaft

Zeit für mich selbst zu haben ist etwas Wunderbares,
aber ich sollte nicht immer allein sein.
Es ist eine Chance,
sich anderen gegenüber zu öffnen.

Ich bin in den letzten Wochen viel allein gewesen, diese Zeit hat mir gutgetan, um innere Ruhe zu finden und mich für mein Leben und für andere wieder zu öffnen. Bei meinem Besuch im Labyrinth habe ich gespürt, wie bereichernd es ist, mit anderen zusammen zu sein. Durch diese Begegnungen habe ich einen anderen Blickwinkel auf mein Leben bekommen.

Ich bin sehr dankbar, dass ich Anaelle, Louis, Claire, Julie, Philippe, Hugo, Pierre, Maurice, Mathieu und Léa auf ihren Wegen durch das Labyrinth begleitet habe und mit ihnen meine Augen für das Wesentliche, das unser Leben ausmacht, öffnete. In Zukunft werde ich den Kontakt zu anderen suchen, sicher gibt es in unserer Uni eine Fußballmannschaft, der ich mich anschließen kann, das würde mir Spaß machen.

Folgende Erkenntnis ist mir sehr wichtig:

Tausche mit anderen Menschen Erfahrungen aus,
sie können dein Leben bereichern.

Das verändere ich:

Ich möchte empathisch sein, anderen Menschen
zeigen, dass ich mich für sie interessiere und
Verständnis für sie habe.

Ich möchte Freundschaften schließen und
pflegen.

Ich möchte anderen Fragen stellen, denn
es gibt Vieles, das ich gerne wissen möchte.
Die Welt ist bunt und die Menschen sind so
unterschiedlich und einzigartig.

Ich bin neugierig und möchte lernen, anderen
zu vertrauen, möchte ihnen meine Hilfe
anbieten, wenn sie in einer Situation sind, in der
ich ihnen beiseitestehen kann.

Ich möchte jemandem, der mir begegnet, in
die Augen schauen und ein Lächeln schenken
und wünsche mir, dass ich ein Lächeln
zurückerhalte.

Ich gebe, statt nur zu nehmen.
Ich erschaffe, statt zu kritisieren.
Ich lebe, anstatt mich zu sorgen:
Ich bin, was um mich ist.

Ich umgebe mich mit starken und positiven
Menschen, die meinen Seelenfrieden fördern, mir
ein Lächeln ins Gesicht zaubern und mich dabei
unterstützen, ein erfüllter Mensch zu sein.

So werde ich wachsen und glücklich sein.

Gewohnheiten

Gedanken an meine Freundin Pauline

Liebe Pauline, mit dem Übergang von der Jugend zum Erwachsensein, verlieren wir häufig den natürlichen Wunsch, uns auszuprobieren, neue Hobbys zu lernen und unsere Talente zu erkunden. Wir ruhen uns auf Vertrautem aus, ermüden und verlieren den Mut und die Energie, Neues zu wagen. Wir legen uns auf eine berufliche Laufbahn fest und haben nicht mehr den Drang, unseren Horizont zu erweitern. Wir erfinden Ausreden, wenn wir für bestimmte Dinge keine Zeit finden, machen andere oder den Job dafür verantwortlich und können uns nicht aufraffen, einfach „loszulegen". Gleichzeitig spüren wir Langeweile und Unerfülltheit, sind umgeben von Ungewissheit und Ablenkung und empfinden unsere Welt als zu komplex. Wir flüchten vor diesen Gefühlen und enden in einer Endlosschleife von Gewohnheiten und schaffen es nicht, diese im Alltag zu durchbrechen.

Ich möchte mich aus der Bequemlichkeit
herauslösen,

mich mit Gewohnheiten abzufinden

und mich mit Durchschnittlichem
zufriedenzugeben.

Liebe Pauline, ich hoffe, du verstehst, was ich dir mit meinen Gedanken sagen möchte. Du hast mir gesagt, dass du keinen Spaß mehr an deinem Jurastudium hast. Bitte überlege dir, ob du zum nächsten Semester das Fach wechselst. Vergiss nicht, du liebst Tiere und hast mir mehrfach erzählt, dass du gerne Tierärztin werden möchtest, außerdem hast du schon lange den Wunsch, Klavier spielen zu lernen.

Ich fordere mich heraus, probiere Neues aus,

bin bereit zu lernen und zu wachsen,

mutig und energievoll zu sein,

um die vielen Chancen, die es gibt, zu erkennen
und zu nutzen.

Mit diesen Aktivitäten möchte ich künftig meinen Horizont erweitern, um mich wieder inspiriert und motiviert zu fühlen und neue Perspektiven für meine Zukunft zu gewinnen:

Kommunikation

Als die zehn Freunde im Labyrinth eintrafen, wirkten sie auf mich verkrampft und angespannt. Sie waren nicht in der Lage, sich befreit zu unterhalten und wirkten einander gegenüber verschlossen. Nachdem sie ihre Wege im Labyrinth gegangen waren, fühlten sich ihre Herzen ein wenig leichter an, die Last, die sie beschwerte, war von ihren Schultern gewichen. Sie wirkten ausgeglichen, unterhielten sich fröhlich und lachten miteinander.

Natürlich wird es nicht leicht sein, in meinem Alltag nur mit Menschen zu kommunizieren, die sich in einem mentalen Optimalzustand befinden. Wichtig ist für mich, dass ich in angespannten Gesprächssituationen lerne, Verständnis für mein Gegenüber zu haben. Ich möchte zukünftig nicht sofort auf einen Vorwurf oder eine negative Aussage reagieren, sondern versuchen, zu reflektieren und zu hinterfragen, warum mein Gegenüber etwas Bestimmtes äußert oder warum mich persönlich diese Aussage trifft. Es gibt Situationen, in denen mein Gegenüber in einer schwierigen Situation steckt und seine Energie an mir entlädt. Diese Momente möchte ich zukünftig erkennen. Natürlich ist es wichtig, meine Meinung zu äußern und meinem Gegenüber mein Verhalten zu erklären, doch ein Konflikt kann sich auch auflösen, wenn ich versuche, meinem Gegenüber zuzuhören und eventuell einen helfenden Rat gebe, damit dieser seine Probleme lösen kann.

Darüber hinaus ist mir bewusst geworden, dass zur Kommunikation auch das Zuhören gehört. Dafür nehme ich mir in meinem schnellen Alltag oft zu wenig Zeit und reagiere, bevor mein Gesprächspartner fertig gesprochen hat. Dies möchte ich verbessern und mit mehr Ruhe und Gelassenheit meinem Gegenüber zuhören.

Mein Vorsatz ist:

Ich bin immer ehrlich und einsichtig, nehme
einen Tipp oder produktive Kritik gerne an und
stehe zu mir und meinen Handlungen.

Symbolik

Ich habe überrascht festgestellt, wie viele Symbole sich in unserem Leben und Alltag wiederfinden und uns auf unserem Weg etwas zeigen oder an etwas erinnern möchten. Anaelle hat in den Islandpferden Freiheit gesehen, Philippe in den Früchten Bodenständigkeit und Erinnerung an eine positive Vergangenheit. Pierre hat die Natur Leuchtkraft geschenkt und wieder Farben in sein Leben gezaubert. Hugo hat durch die Wasserfontäne einen Schrecken bekommen, der ihn wachrüttelte und aus seiner Handyabhängigkeit herausholte. Dadurch hat er wieder die Schönheit der Welt sehen können.

Ich bin mir sicher, dass auch ich in meinem Alltag Symbole finden werde, die mir zeigen, wenn ich mich kurzzeitig einmal verliere oder verrenne. Achtsamkeit wird mir helfen, auch die kleinen Symbole wahrzunehmen, denn ich möchte versuchen, dass ich nicht an einen aussichtslosen und verzweifelten Punkt im Leben gerate und einen wirklichen Weckruf benötige.

Die Symbole, die mir begegnen, werde ich aufschreiben. Es könnte ein kleiner Vogel sein, ein Traum oder ein weißer Kieselstein. All diesen Dingen kann ich eine Bedeutung geben.

Hier schreibe ich auf, wer oder was mir begegnet und welche Symbolik ich darin sehe:

Lachen

Der verlorenste aller Tage ist der,
an dem man nicht gelacht hat.
Nicolas Chamfort

Es gibt nichts Schöneres und Befreienderes als zu lachen. Lachen verbindet uns Menschen und lockert Situationen und Momente auf, in denen wir uns unwohl fühlen.

Würden wir bei jemandem zu Gast sein und dort mit fremden Menschen über etwas lachen, so würde uns dieser Moment der Fröhlichkeit verbinden. Ich möchte Menschen begegnen, mit denen ich lachen kann.

Ich habe ein afrikanisches Sprichwort gelesen, es heißt:

Lachen wirkt Wunder im Herzen.

Die Vorstellung, dass meinem Herzen ein Wunder widerfährt, gefällt mir, ich werde versuchen, mich zu öffnen und wünsche mir, Menschen zu begegnen, die mein Lächeln erwidern.

Lachen macht gesund, Lachen macht glücklich!

Magie des Lebens

Die Magie des Lebens steckt in mir und in vielen besonderen Momenten, die ich erleben darf.

All die Erkenntnisse, die ich auf dem Weg durch mein Lebenslabyrinth gewinne, machen die Magie meines Lebens aus. Magisch sind für mich die vielen besonderen Momente, all die kleinen und großen Erlebnisse und Begegnungen mit anderen Menschen.

Auch in der Erfüllung meiner Träume und Wünsche zeigt sich Magie. Ab jetzt stelle ich mir meine Träume und Wünsche bildlich vor, ich male mir aus, wie bunt, wundervoll, glücklich, frei und kraftvoll sich die Momente anfühlen, in denen sie sich erfüllen werden. Auch, wenn mir ein Wunsch oder Traum groß erscheinen mag, glaube ich daran, dass er Realität wird, ich werde ihn genau vor Augen haben und ein Glücks- und Dankbarkeitsgefühl mit ihm verbinden.

Ich habe außerdem gespürt, dass jeder Mensch seine ganz *persönliche Magie* besitzt. Es sind die Eigenschaften, Gaben und Talente, die Individualität eines jeden, die uns Magie auf unterschiedliche Art und Weise schenken. Unsere Magie können wir in die Welt hinaustragen und andere damit beglücken.

Ich bin wachsam und erkenne die magischen Momente, die mich durch mein Leben begleiten und bereichern.

Es fühlt sich so an, als würden sich alle meine Träume erfüllen.

Magische Momente lassen mich Glück spüren!

Diesen Brief habe ich von Monsieur Georges erhalten, ich habe ihn eine Weile mit mir herumgetragen, aber dann war ich neugierig und wollte wissen, was er mir mitzuteilen hatte.

Florin,
was ist für dich das Besondere im Leben? Träumst du von großartigen oder auch ganz kleinen Dingen, die dein Leben verändern und bereichern können? Klopft vielleicht ein Traum oder ein Wunsch ganz leise an deine Tür? Wenn dies so ist, dann öffne sie, gewähre Einlass und lass ihn Wirklichkeit werden. Leichtigkeit und Lebensfreude werden nicht lange auf sich warten lassen und dich beglücken. Nur du entscheidest, was deine Visionen sind und was dich glücklich macht. Du hast dein Glück in der Hand. Vertraue und glaube daran, dass es dich finden und begleiten wird. Übersieh es nicht. Es ist zum Greifen nah. Zum Glück. Greif zu!

Dein Monsieur Georges

Hier möchte ich meine persönlichen Erkenntnisse aufschreiben:

Das ist ein Wunder für mich:

Das hat mich zum Staunen gebracht:

Das hat mich überrascht:

Diesen Traum habe ich vor Augen:

Diesen Traum habe ich mir bereits erfüllt:

Diese Entscheidung möchte ich mit dem Herzen treffen:

Für deinen persönlichen Glücksmoment

MEDITATION ANHÖREN

www.gluecksbuch.smart-und-nett.de

Glücksrezept 1

Schokoladentarte mit Erdbeeren

Zutaten für 4 **Personen**

200 g deiner **Lieblingsschokolade** - ich bevorzuge eine dunkle Zartbitterschokolade
200 g Cornflakes
Eine Tüte Nusssplitter von **Haselnüssen** oder **Mandeln**
100 ml Sahne oder eine **vegane Alternative**
500 g Erdbeeren

1. Zerschmelze deine Lieblingsschokolade über einem heißen Wasserbad. Vermenge in dieser Zeit die Cornflakes mit den Nuss- oder Mandelsplittern. Du kannst auch ganze Nüsse oder Mandeln verwenden und sie in kleine Stücke hacken.

2. Wenn die Schokolade eine cremige, flüssige Konsistenz hat, vermenge sie mit deiner Nuss-Mandel-Cornflakes-Mischung.

3. Fülle sie dann in eine, mit Backpapier ausgelegte, Springform, damit die Masse nicht festhängt, wenn sie trocknet.

4. Stelle die Springform nun an einen kühlen Ort oder sogar in den Kühlschrank und lass die Schokolade aushärten.

5. In der Zwischenzeit kannst du 100 ml Schlagsahne schlagen und die Erdbeeren waschen und in Stücke schneiden.

6. Wenn dein Tortenboden erkaltet ist, kannst du die Sahne darauf geben und gleichmäßig verteilen.

7. Nun folgen, als letzte Schicht, die frischen Erdbeeren, sie werden gleichmäßig auf der Sahne ausgelegt.

Guten Appetit bei diesem Traum aus
Sahne, Schokolade und Erdbeeren!

Glücksrezept 2

Herzhafte Quiche

Zutaten für einen Mürbeteig:
200 g Mehl
125 g Butter oder **Margarine**
2 EL Wasser
Ein Ei nach Belieben

Zutaten für die Füllung:
300 g Spinat
Ein Becher Schmand oder eine **vegane Alternative**
10 Tomaten
Eine Tüte Käse oder eine **vegane Alternative**
Eine Handvoll Pinienkerne und / oder **Pistazien**

1. Vermenge das Mehl mit der in Flöckchen zerteilten Butter oder Margarine, dem Wasser, einer Prise Salz und nach Belieben mit dem Ei.

2. Forme daraus einen glatten Teig und lege damit eine Springform aus.

3. Nun dünste in einer Pfanne Spinat mit etwas Öl an, füge einen Becher Schmand oder die vegane Alternative deiner Wahl hinzu, sodass eine cremige Konsistenz entsteht.

4. Würze die Spinatsoße nach Belieben mit Kräutern, Majoran und Oregano schmecken ganz wunderbar, außerdem mit Salz und Pfeffer.

5. Die Soße kannst du anschließend auf deinem Boden in der Quicheform verteilen.

6. Füge halbierte Tomaten hinzu, einige Pinienkerne oder Pistazien.

7. Zum Schluss kannst du deine Quiche mit Käse oder einer veganen Alternative bestreuen.

8. Backe die Quiche auf 200 Grad circa 20 Minuten und verlängere die Backzeit bei Bedarf um wenige Minuten, bis deine Quiche von oben goldbraun ist.

Guten Appetit!

Wenn du an dich glaubst,
kannst du alles schaffen!

Feel Like a Butterfly (Songtext)

I was lonely in the early afternoon
I felt sadly and was waiting for the moon
I began to loose my hope and joy 'bout love
I had never been powerful and tough

Suddenly I heard a little tiny noise
I thought if there was a whisper like a voice
Looked around there was a movement in the tree
There were little beings feeling very free

Fly
Fly
Fear fly

Be like a butterfly
Be like a butterfly
Flying around with me
Feel like a butterfly
Feel like a butterfly
Open your wings and be

I will never try again to be one else
I will love, protect, believe in myself
I remember that I never was alone
I felt slowly like this place was getting home

Fly
Fly
Fear fly

Feel like a butterfly
Feel like a butterfly
Feel like a butterfly
Feel like a butterfly
Feel like a butterfly
Open your wings, and be

Feel like a butterfly
Feel like a butterfly
Fly like a butterfly

SPOTIFY APPLE AMAZON YOUTUBE

Eine Geschmacksexplosion gegen Heißhunger

Erhalte **15 % Rabatt** auf den gesamten Warenkorb unter www.guru-granola.com. RABATTCODE: GURUGLÜCK

Die über 20 natürlichen Zutaten, Blüten, Gewürze, Saaten, Nüsse und Früchte, sind so zusammengesetzt, dass sie mit einem Löffel all deine Geschmacksrezeptoren abdecken und dir ein langanhaltendes Sättigungsgefühl schenken können.

Hallo du wundervolles Wesen.

Erfüllt von Dankbarkeit, darf ich mein Herzensprojekt *GURU Granola* in dieses einzigartige Glücksbuch integrieren. Glück ist für mich ein bewusst wahrgenommener Gefühlsmoment, indem ich Dankbarkeit für das Jetzt, für diesen Augenblick durch mein ganzes Sein strömen lasse ...

Die ayurvedischen Kreationen von *GURU Granola* laden dich ein, jeden Moment des Genusses voller Achtsamkeit wahrzunehmen und mit allen Sinnen zu spüren. Verwandle all deine Gerichte, ob herzhaft oder süß, zu einer farbenfrohen und achtsamen Geschmacksexplosion. Du kannst dir GURU als ein knuspriges Gewürz-Topping vorstellen. Wie Salz und Pfeffer, nur viel facettenreicher und ganzheitlich zusammengestellt.

Auf meinen Reisen durch Neuseeland, Argentinien, Indonesien und Puerto Rico ist GURU Granola auf intuitive Weise entstanden. Ich war auf der Suche nach einem Produkt, welches unvergleichlich gut schmeckt, voller heilsamer Gewürze ist, welches ich überall hin mitnehmen kann und mich von meinen Heißhungerattacken befreit. Durch mein Studium in Biologie und Kunst, fusioniert mit meinen Weiterbildungen in der Permakultur und der über 5.000 Jahre alten ayurvedischen Heilkunde, entwickelte ich *GURU Granola*.

Die erste GURU Kreation - CREATIVE Wisdom

Genussreise zu deiner Schöpferkraft

Setze dich bequem hin. Atme tief durch deine Nase ein, halte für einen Augenblick die Luft an. Atme aus und entspanne deine Schultern. Lass los. Entspanne deine Augenbrauen. Entspanne deine Stirn. Entspanne deine Zunge und deinen Kiefer. Schließe nun sanft deine Augen. Spüre, wie sich allmählich würzige Aromen aus Kurkuma und Ingwer in deinem Mund verteilen. Eine nussige Note aus Buchweizen und Amaranth kommt hinzu. Und da, dieses liebkosende Fruchtensemble aus Himbeere und Feige. Mhhm... ein zarter Hauch von Rose und Ringelblüte. Kannst du es schmecken? Oh, der Cayenne Pfeffer entfacht seine leichte Schärfe, sanft abgerundet dank Kokos und Anis. Du bist nun in deiner puren Schöpferkraft. Spüre in dein Glück hinein.

Wenn du deine Augen wieder geöffnet hast, lade ich dich ein, deine Handflächen mit voller Kraft aneinander zu reiben, bis sich Hitze zwischen deinen Händen entwickelt. Lege deine Hände nun auf dein Gesicht und spüre hinein, wie sich die Wärme auf deiner Haut ausbreitet.

Koste einen Löffel CREATIVE Wisdom, schließe erneut deine Augen und nimm voller Dankbarkeit dein Glück wahr. Was für ein Wunder, dass Du bist.
Weil du Liebe bist. - Weil du pures Glück bist.

In Liebe und Dankbarkeit, Lara

GURU Granola

Erhalte **15 % Rabatt** auf den gesamten
Warenkorb in meinem Onlineshop.
RABATTCODE: GURUGLÜCK
www.guru-granola.com

In **Michis Schokoatelier** lässt alles an Schokolade denken.

Der mokkabraune Boden, die karamellfarbenen Wände, die Regale in Zartbitter und der goldene Schriftzug rund um den Rand des Ladens.

Edelste Trüffel und Pralinen in den verschiedensten und ausgefallensten Variationen von Champagner-Trüffeln, Basilikumherzen, Nougat-Pralinen, Absinth-Trüffeln bis hin zu Frankfurter Sandwegkugeln (Hessens Antwort auf die Mozartkugel) finden Sie auf der Landstiltheke. Und es gibt verschiedene Schokoladenfiguren, wie Katzen, kleine Pferde oder Bären sowie edle handgeschöpfte Schokoladentafeln. In unserem Laden finden Sie noch wesentlich mehr Auswahl.

Für unsere Produkte setzten wir nur feinsten, fair gehandelten Kakao ein. Generell versuchen wir, alle unsere Rohstoffe in Bioqualität einzukaufen.

Unsere handgeschöpften Produkte werden alle in liebevoller Handarbeit hergestellt.

Besuchen Sie uns in unserem Laden oder schauen Sie auf unserer Webseite **www.michis-schokoatelier.de** vorbei und überzeugen Sie sich selbst.

Michis Schokoatelier
Sandweg 60
60316 Frankfurt

Telefon: +49 69 408 980 66
info@michis-schokoatelier.de
www.michis-schokoatelier.de

PELLE
UND DIE SCHÖNE
BERTHA
ROMANZE IN KATZ-DUR
BUCHTIPP
Oliver Witt

Katharina
Schweissguth
Der Liebesbriefkasten
BUCHTIPP
SMART & NETT

Ein neues Pfingsten

Paul M. Zulehner

Ein neues Pfingsten

Ermutigung zu einem Weg der Hoffnung

Schwabenverlag

Der Weizer Pfingstvision und Kardinal Carlo M. Martini gewidmet

www.schwabenverlag-online.de

Umschlaggestaltung: Finken & Bumiller, Stuttgart
Gesamtherstellung: Schwabenverlag, Ostfildern
Printed in Germany

ISBN 978-3-7966-1416-3

Inhalt

Motivation

Ich habe Bücher geschrieben, weil ich von einem Verlag dazu angeregt worden bin. Andere Bücher verfasste ich aus eigenem Antrieb. Ich wollte mit anderen teilen, was mir in meiner christlichen Biografie oder als Mitglied meiner katholischen Kirche persönlich wichtig geworden ist. Oft ist mir das Niedergeschriebene zuvor in vielen Vorträgen zugewachsen – wobei ich mit Dankbarkeit vermerke, dass die vermeintlich passiv Zuhörenden wie ein Orchester sind, das am Geschehen eines guten Vortrags intensiv beteiligt ist. Zudem sind die Menschen aus den Gemeinden, Gremien, aus Verbänden oder aus der Katholischen Aktion die besten Lehrmeister für einen Pastoraltheologen. Wo sonst sollte er seine Bodenhaftung sichern, wenn nicht im Dialog mit jenen, die auf dem Boden der kirchlichen Realität in bewundernswerter Weise leben und arbeiten? Mit diesen Personen die Entwicklungen in der Kirche durchzudenken, zu erkennen, welche Themen für die Zukunft wichtig sind und welche eher nicht weiter verfolgt werden sollen, weil sie nicht weiterbringen, war und ist mir immer wichtig. Jene, die Kirche sind, weil Gott sie seinem Volk »hinzugefügt« hat, schätze ich ebenso wie jene anderen, auf die Gott seine Hand gelegt hat und welche die Kirche ordiniert hat, damit die ihnen anvertrauten Gemeinschaften in der Spur des Evangeliums bleiben. Beiden Gruppen fühle ich mich nicht nur verbunden, sondern gehöre ich selbst durch Taufe und Ordination an.

Dieses kleine pfingstliche Buch verdankt sich Erfahrungen der letzten Jahre. Europa befindet sich im Weltganzen in einer unabsehbar dramatischen Entwicklung. Es eint sich. Frieden und Gerechtigkeit bekommen dadurch eine nachhaltige Chance. Die großen Probleme in der Wirtschaft, in der Ökologie, in Fragen der Gerechtigkeit lassen sich allein durch ein starkes geeintes Europa meistern. Jedes einzelne Land wird für sich allein den kulturellen wirtschaftlichen und politischen Herausforderungen durch aufstrebende Länder wie Indien oder China nicht gewachsen sein.

In diesem Europa haben das Christentum und mit ihm die verschiedenen Kirchen eine gestaltungsmächtige Rolle gespielt. Und so, wie sich Europa politisch umbaut, müssen auch die Kirchen in Europa einen tiefgreifenden Übergang meistern. Diesen kann man depressiv verwalten oder aber hoffnungsvoll gestalten. Ich habe immer dafür geworben, die Chancen des Übergangs unverdrossen zu nutzen. Es kommt darauf an, nicht den Untergang zu verwalten, sondern den Übergang zu gestalten.

Aber nutzt die Kirche die Chancen des Übergangs in eine neue, ihr weithin noch unbekannte Gestalt? Mit nicht wenigen, darunter auch Altbischöfen, habe ich den Eindruck, dass wir den Entwicklungen eher orientierungs- und mutlos gegenüberstehen. Wir fahren, finanziell und personell in die Enge getrieben, den herkömmlichen Kirchenbetrieb herunter, ohne Neues zu wagen. Wir reagieren, agieren aber nicht.

Biblisch steht für das Wagnis des Unbekannten und Neuen und für den Mut dazu das Pfingstereignis. Gottes Geist kann uns ermutigen, als Kirche miteinander einen Weg der Hoffnung einzuschlagen. Natürlich ist das Vordenken eines solchen Weges nicht der Weg selbst. Aber vielleicht kann das, was ich in diesem Buch mit ungebrochener Leidenschaft für meine Kirche mir vom Herzen schreibe und mit meinen langjährigen pastoraltheologischen Erfahrungen reflektiere und zu begründen versuche, Menschen motivieren, sich mit anderen in unserer Kirche aufzumachen und einen solchen Weg der Hoffnung gemeinsam zu gehen. Denn gemeinsam, so eine alte Kirchenerfahrung, sind wir immer stärker als im Alleingang. Und dies in der festen Überzeugung, dass – in seinem Namen aufbrechend – der Herr mit uns zieht.

Wien, Juli 2008

Paul M. Zulehner

Intrada

Weiz ist eine florierende oststeirische Stadt mit bald 10 000 Einwohnern. Kultur und Wirtschaft sind in guter Balance. Mit dem Unternehmer und Milliardär Frank Stronach stammt einer der ökonomisch Erfolgreichen von dort. Aber auch die Weizer Pfingstvision wurde hier 1989 geboren. Wache ZeitgenossInnen suchen auf dem Boden des Zweiten Vatikanischen Konzils (1962–1965) Tiefe und Lebendigkeit christlichen Lebens in der heutigen Welt. Franz von Assisi ist ihnen ein anziehendes Vorbild. Sein Traum, den Papst Innozenz III. zeitgleich träumte, er solle die damals im Argen liegende Kirche wieder aufbauen, beflügelt auch heute. Gerade jüngere Menschen. Aufbruch ist so etwas wie ein Logo einer unbekümmerten und zugleich ungestümen pastoralen Dynamik geworden.

Viele, die sich eine lebendige, manchmal auch eine lebendigere Kirche wünschen, wissen sich mit Weiz verbunden: der langjährige Kaplan von Weiz, nunmehr Gefängnisseelsorger in Sao Paulo in Brasilien, Günter Zgubic; Bischof Erwin Kräutler (Vorarlberg/Brasilien), der indische Priester Iswar Prasad; die indische Sacre-Cœur-Schwester Ishpriya; der ägyptische Jesuit Henri Boulad; aus dem Leitungsteam der Römischen Basisgemeinde San Egidio Cesare Zucconi, Bruder Andreas, der Kontaktmann von Taizé nach Österreich, die spirituellen Autoren Wilhelm Bruners (Deutschland) und Pierre Stutz (Schweiz). Die große Mutter Teresa schrieb zweimal nach Weiz. Dazu kommen Persönlichkeiten aus dem öffentlichen Leben Österreichs wie Erhard Busek, Wolfgang Schüssel, Josef Krainer, Josef Riegler, Angela Ringel. Auch die Kunstszene ist stark vertreten: Adolf Holl, Josef Winkler, Peter Turrini, Thomas Glavinic, Hubert Schmalix, Alfred Hrdlicka, Alfred Kolleritsch,

Robert Schneider, Andrea Sailer, Hannes Schwarz, dazu Alois J. Hochstrasser, der mit dem Pannonischen Symphonieorchester nahezu alle Brucknersinfonien zur Aufführung brachte.

1997 war es der Jahrhundert-Kardinal Franz König, der Weiz besucht und mit vielen jungen Menschen im Franziskus-Steinbruch Pfingsten gefeiert hatte. Unvergessen sind seine visionären Worte an die im Freien zu einer Eucharistiefeier versammelten jungen Menschen:

»Einige Zeit vor dem letzten Konzil wurde Papst Johannes XXIII. gefragt, was er sich denn eigentlich vom Konzil erwarte. Und seine Antwort war: Ich erwarte mir ein neues Pfingsten. Und so ähnlich antworte auch ich, wenn ihr mich fragt, warum ich nach Weiz gekommen bin: Ich erwarte mir von eurem Weizer Treffen ein neues Pfingsten.«

Nach zwanzig Jahren schickt sich die Weizer Pfingstvision an, einen neuen, weit über Weiz hinausgehenden Impuls für einen Kirchenaufbruch zu setzen. Zu einem »Weg der Hoffnung« wird eingeladen.[1] Es ist eine pfingstliche Initiative zur Erneuerung von Kirche und Gesellschaft.[2]

Warum aber Pfingsten? Und warum ein neues? Der Weg zur Antwort führt über das erste Pfingsten in Jerusalem.

---

1 Mehr dazu unter www.pfingstvision.at

2 Auch Benedikt XVI. bezeichnete den Weltjugendtag als Erfahrung eines neuen Pfingsten.

Das erste Pfingsten

Angst und verschlossene Türen

Nach dem Desaster der Kreuzigung Jesu hatten sich die Jünger im Obergemach eines Stadthauses in Jerusalem verängstigt eingeschlossen (Apg 1,13). Perspektiven hatten sie offensichtlich keine. Daran änderten auch die Erzählungen von den Begegnungen mit Jesus, dem lebendig Gemachten, nicht viel. Alles, was so verheißungsvoll begonnen hatte, schien zu Ende zu sein. Rückzug war angesagt, nicht Aufbruch. Die Gefolgsleute Jesu wirkten wie gelähmt und erstarrt. Ein Häuflein frühkirchlicher Angsthasen. Es hatte ihnen die Sprache verschlagen.

Und dann geschah das Unerwartete, das, womit keiner gerechnet hatte. So erzählt es Lukas in der Apostelgeschichte:

»Als der Tag des Pfingstfestes vollends gekommen, waren alle gemeinsam am Ort. Und es geschah: Plötzlich kam aus dem Himmel ein Brausen – wie von einherfahrendem gewaltigem Schnaufen. Und es füllte das ganze Haus, darin sie saßen. Und sichtbar wurden ihnen – sich verteilend – Zungen wie von Feuer. Und die setzten sich auf jeden von ihnen. Und voll Heiligen Geistes wurden alle. Und ihre Zungen begannen anders zu reden – wie der Geist es ihnen kund gab.

In Jerusalem aber wohnten Juden, ehrfürchtige Männer aus allen Völkern unter dem Himmel. Als laut ward dieses Rauschen, lief die Menge zusammen und ward verwirrt, da ein jeder sie reden hörte in seiner eigenen Sprache. Sie waren außer sich und sagten staunend: Nein – da! Die hier reden – das sind allsamt Galiläer! Und wieso hören wir jeder unsere Sprache, in der wir geboren sind? Wir Parther und Meder und Elamiter und die Bewohner von Mesopotamien, Judäer und auch Kappadozien, Pontus und Asia, von Phrygien und auch Pamphylien, Ägypten und den Gebieten Libyens gegen Zyrene hin und die zugewanderten Römer, Juden und auch Proselyten, Kreter und Araber – wir hören sie wie mit unseren Zungen von den großen Taten Gottes reden. Sie waren alle außer sich und wußten nicht ein noch aus – sagte einer zum anderen: Was mag das sein? Andere aber machten sich lustig und sagten: Von Süßwein sind sie vollgelaufen!« (Apg 2,1–13)[3]

Die Veränderung der Apostel erregte Aufsehen. Haus und Herzen wurden von einem Geistessturm durchfegt und im Geistfeuer gereinigt. Sprachlose fanden die Sprache wieder. Noch mehr, sie konnten Sprachbarrieren überwinden und sich bei Menschen fremder Kulturen verständlich machen. Ängstlich Zurückgezogene traten angstfrei auf. Sie verließen ihren verriegelten Schutzraum und setzten sich schutzlos der Öffentlichkeit aus. Einige von den Außenstehenden, die nicht wussten, dass Gottes Geistkraft all dies bewirkt hatte, hielten sie für Morgensäufer. Andere hingegen machte das Ereignis staunen.

Petrus lieferte als Wortführer den Fragern für das Unerklärliche eine Erklärung. Eine uralte Verheißung gehe jetzt vor ihren Augen in Erfüllung: Ausgegossener Gottesgeist schenke den Jungen Visionen und den Alten Träume. Das mache die Geisterfüllten zu Propheten, wie einst im Volk Israel. So das summarische Protokoll des Geschehens bei Lukas:

»Da trat Petrus auf, zusammen mit den Elf; er erhob seine Stimme und begann zu reden: Ihr Juden und alle Bewohner von Jerusalem! Dies sollt ihr wissen, achtet auf meine Worte! Diese Männer sind nicht betrunken, wie ihr meint; es ist ja erst die dritte Stunde am Morgen; sondern jetzt geschieht, was durch den Propheten Joël gesagt worden ist:

---

3 Übersetzung von Friedolin Stier.

In den letzten Tagen wird es geschehen, so spricht Gott: Ich werde von meinem Geist ausgießen über alles Fleisch. Eure Söhne und eure Töchter werden Propheten sein, eure jungen Männer werden Visionen haben, und eure Alten werden Träume haben.

Auch über meine Knechte und Mägde werde ich von meinem Geist ausgießen in jenen Tagen und sie werden Propheten sein.

Und es wird geschehen: Jeder, der den Namen des Herrn anruft, wird gerettet.« (Apg 2,14–18.21)

Und etwas später berichtet der frühkirchliche Autor: *»Als sie gebetet hatten, bebte der Ort, an dem sie versammelt waren, und alle wurden mit dem Heiligen Geist erfüllt und sie verkündeten freimütig das Wort Gottes.«* (Apg 4,31)

Empfanget den Heiligen Geist!

Nicht nur beim Pfingstereignis selbst floss der himmlische Geiststrom, revolutionierte tief verängstige Apostel und machte Verschlossene offen. Der Auferstandene musste sich zuvor schon den Weg zu seinen Jüngern durch »verschlossene Türen« (des Hauses oder noch mehr der Herzen – Joh 20,19.26) bahnen. Auf derart ungewöhnliche Weise eingetreten sprach er zunächst den Friedensgruß. Sodann öffnete er die Schleusen für den Gottesgeist: *»Nachdem er das gesagt hatte, hauchte er sie an und sprach zu ihnen: Empfangt den Heiligen Geist!«* (Joh 20,22)

Früchte des Geistes

Was einem, einer widerfährt, wenn er, wenn sie vom Gottesgeist erfasst wird, beschreiben die biblischen Gründungsurkunden und später die Liturgie der Kirche.

Von freudiger Grundstimmung wird berichtet: *»Und die Jünger waren voll Freude und erfüllt vom Heiligen Geist.« (Apg 13,52)* Solche Grundfreude ist angesiedelt im Umfeld von Frieden und Hoffnung: *»Der Gott der Hoffnung aber erfülle euch mit aller Freude und mit allem Frieden im Glauben, damit ihr reich werdet an Hoffnung in der Kraft des Heiligen Geistes.« (Röm 15,13)* Ähnlich Paulus schon ein wenig früher im Brief an die Christengemeinde in Rom: *»Denn das Reich Gottes ist nicht Essen und Trinken, es ist Gerechtigkeit, Friede und Freude im Heiligen Geist.«* (Röm 14,17) Und an die Christen in Galatien: *»Die Frucht des Geistes aber ist Liebe, Freude, Friede, Langmut, Freundlichkeit, Güte, Treue, Sanftmut und Selbstbeherrschung.« (Gal 5,22)*

Auf dem Boden einer solchen geistgewirkten Grundstimmung wird ein Mensch zu neuen Taten frei und bewegt in einem. Geist verleiht Kraft – vor allem zu mutigem Aufbrechen und zu öffentlichem Bezeugen: *»Aber ihr werdet die Kraft des Heiligen Geistes empfangen, der auf euch herabkommen wird; und ihr werdet meine Zeugen sein in Jerusalem und in ganz Judäa und Samarien und bis an die Grenzen der Erde.« (Apg 1,8)* Das Angekündigte wurde bald Wirklichkeit: *»Vom Heiligen Geist ausgesandt, zogen sie [Paulus und Barnabas] nach Seleuzia hinab und segelten von da nach Zypern.« (Apg 13,4)*

Sieben Gaben des Heiligen Geistes

Wo der Geist Gottes sich schenkt, bringt er Gaben mit sich. Modern ausgedrückt: Fähigkeiten, Kompetenzen. Die biblischen Urkunden kennen davon eine ganze Menge.

Ein Schlüsseltext zu diesen Gaben findet sich im Buch des Propheten Jesaja: *»Der Geist des Herrn lässt sich nieder auf ihm: der Geist der Weisheit und der Einsicht, der Geist* *des Rates und der Stärke, der Geist der Erkenntnis und der Gottesfurcht.« (Jes 11,2)* Spiritualität als Formung des konkreten Lebens aus der Kraft des geschenkten Geistes (lateinisch eben »spiritus«) wurde bei unzählbar vielen durch diese sieben Gaben geformt.

In der Liturgie wird der Gottesgeist angerufen, damit er offenen Menschen beikomme bzw. sie dafür öffne und diese heilige Zahl von Gaben mit sich bringe. Und wann immer eine christliche Kirche sich anschickt, auf jemanden den Geist Gottes herabzurufen, wird der im Gregorianischen Choral machtvoll sich entfaltende Hymnus um das Herabkommen des Heiligen Geistes gesungen:[4]

Veni, Sancte Spiritus, Et emitte caelitus Lucis tuae radium.	Komm, o Geist der Heiligkeit! Aus des Himmels Herrlichkeit Sende deines Lichtes Strahl!
Veni, pater pauperum, Veni, dator munerum, Veni, lumen cordium.	Vater aller Armen du, Aller Herzen Licht und Ruh', Komm mit deiner Gaben Zahl!
Consolator optime, Dulcis hospes animae, Dulce refrigerium.	Tröster in Verlassenheit, Labsal voll der Lieblichkeit, Komm, du süßer Seelenfreund!
In labore requies, In aestu temperies, In fletu solacium.	In Ermüdung schenke Ruh', In der Glut hauch Kühlung zu, Tröste den, der trostlos weint.
O lux beatissima, Reple cordis intima Tuorum fidelium.	O du Licht der Seligkeit, Mach dir unser Herz bereit, Dring in unsre Seelen ein!

4 Übersetzung von Heinrich Bohne aus dem Jahr 1847.

Sine tuo numine Nihil est in homine, Nihil est innoxium.	Ohne Dein lebendig Wehn Nichts im Menschen kann bestehn, Nichts ohn' Fehl und Makel sein.
Lava quod est sordidum, Riga quod est aridum, Sana quod est saucium.	Wasche, was beflecket ist, Heile, was verwundet ist, Tränke, was da dürre steht.
Flecte quod est rigidum, Fove quod est frigidum, Rege quod est devium.	Beuge, was verhärtet ist, Wärme, was erkaltet ist, Lenke, was da irregeht.
Da tuis fidelibus In te confidentibus Sacrum septenarium.	Heil'ger Geist, wir bitten dich, Gib uns allen gnädiglich Deiner Gaben Siebenzahl.
Da virtutis meritum, Da salutis exitum, Da perenne gaudium.	Spende uns der Tugend Lohn, Lass uns stehn an deinem Thron, Uns erfreun im Himmelssaal.
Amen. (Alleluja.)	Amen. (Alleluja!)

Gaben an die christlichen Gemeinden

Aber nicht nur Einzelnen werden die siebenfältigen Gaben des Geistes geschenkt. Auch die Lebendigkeit von christlichen Gemeinden wurde und wird bis heute durch solche »Charismen« (Geistgaben) erst möglich. Dabei ist jeder und jedem die Offenbarung des Geistes gegeben – vorrangig aber dazu, dass diese allen nützt (1 Kor 12,7). In der kirchlichen Gemeinschaft dienen Geistgaben somit nicht der Selbstinszenierung, sondern dem Gemeindeaufbau und auf diesem Weg der Umwandlung der Welt. Und weil Gottes Geist jeder und jedem gegeben wird, haben auch alle Begabungen für jene Gemeinde, der Gott sie »hinzufügt« (Apg 2,47). Es gibt in christlichen Gemeinden keine »Unbegabten«.

Die Listen der Begabungen in den Gemeinden von Korinth und Rom sind – so ist den Briefen des Apostels Paulus an diese zu entnehmen – bunt und lang. Die Gemeinde in Rom charakterisiert der Völkerapostel so:

»So sind wir, die vielen, ein Leib in Christus, als einzelne aber sind wir Glieder, die zueinander gehören. Wir haben unterschiedliche Gaben, je nach der uns verliehenen Gnade. Hat einer die Gabe prophetischer Rede, dann rede er in Übereinstimmung mit dem Glauben; hat einer die Gabe des Dienens, dann diene er. Wer zum Lehren berufen ist, der lehre; wer zum Trösten und Ermahnen berufen ist, der tröste und ermahne. Wer gibt, gebe ohne Hintergedanken; wer Vorsteher ist, setze sich eifrig ein; wer Barmherzigkeit übt, der tue es freudig.« (Röm 12,6–8)

Auch in Korinth nimmt Paulus einen derart enormen Reichtum an gemeindlichen Ressourcen wahr, dass er sich Sorgen um deren friedliches Zusammenwirken machen muss:

»Es gibt verschiedene Dienste, aber nur den einen Herrn. Es gibt verschiedene Kräfte, die wirken, aber nur den einen Gott: Er bewirkt alles in allen. Jedem aber wird die Offenbarung des Geistes geschenkt, damit sie anderen nützt.

Dem einen wird vom Geist die Gabe geschenkt, Weisheit mitzuteilen, dem andern durch den gleichen Geist die Gabe, Erkenntnis zu vermitteln, dem dritten im gleichen Geist Glaubenskraft, einem andern – immer in dem einen Geist – die Gabe, Krankheiten zu heilen, einem andern Wunderkräfte, einem andern prophetisches Reden, einem andern die Fähig-

keit, die Geister zu unterscheiden, wieder einem andern verschiedene Arten von Zungenrede, einem andern schließlich die Gabe, sie zu deuten. Das alles bewirkt ein und derselbe Geist; einem jeden teilt er seine besondere Gabe zu, wie er will …

So hat Gott in der Kirche die einen als Apostel eingesetzt, die andern als Propheten, die dritten als Lehrer; ferner verlieh er die Kraft, Wunder zu tun, sodann die Gaben, Krankheiten zu heilen, zu helfen, zu leiten, endlich die verschiedenen Arten von Zungenrede. Sind etwa alle Apostel, alle Propheten, alle Lehrer? Haben alle die Kraft, Wunder zu tun? Besitzen alle die Gabe, Krankheiten zu heilen? Reden alle in Zungen? Können alle solches Reden auslegen?« (1 Kor 12,8–10; 12,28–31)

Paulus wollte in diesem Text allerdings nicht nur die bunte Charismenvielfalt beschreiben. Es ging ihm auch um die Gemeinnützigkeit all dieser Begabungen. Ähnlich der erste Petrusbrief: *»Dient einander als gute Verwalter der vielfältigen Gnade Gottes, jeder mit der Gabe, die er empfangen hat. Wer redet, der rede mit den Worten, die Gott ihm gibt; wer dient, der diene aus der Kraft, die Gott verleiht. So wird in allem Gott verherrlicht durch Jesus Christus. Sein ist die Herrlichkeit und die Macht in alle Ewigkeit. Amen.« (1 Petr 4,10f)*

Paulus ist überzeugt: Was der Gemeinschaft mehr dient, verdient eine höhere Bewertung – etwa die kluge Auslegung (Predigt) mehr als die unverständliche (Zungen-)Rede (Glossolalie). Vor allem aber schrieb Paulus gegen Spaltungen an, die es infolge eines verbreiteten Personenkults damals schon gab. Das führte ihn zum Schluss, dass zwar der Reichtum an Begabungen erfreulich ist. Alle diese Kompetenzen nützen aber nichts, wenn sie nicht von einer handfesten und belastbaren Liebe zusammengehalten werden.

Hätte aber die Liebe nicht …

Deshalb ist für Paulus die größte Gnadengabe die Liebe. Alles andere ist ihr nachgeordnet. Der vielfach zum Besingen überromantisierter Liebe bei Hochzeiten eingesetzte Text aus dem ersten Brief an die Gemeinde in Korinth ist daher ursprünglich ein nüchterner Text zur Konfliktvermeidung bzw. Konfliktüberwindung. Eine Art älteste Ordnung für kirchliche Räte und Gremien. Es lohnt sich, diesen Text einmal unter dieser Rücksicht zu meditieren:

»Wenn ich in den Sprachen der Menschen und Engel redete, hätte aber die Liebe nicht, wäre ich dröhnendes Erz oder eine lärmende Pauke.

Und wenn ich prophetisch reden könnte und alle Geheimnisse wüsste und alle Erkenntnis hätte; wenn ich alle Glaubenskraft besäße und Berge damit versetzen könnte, hätte aber die Liebe nicht, wäre ich nichts.

Und wenn ich meine ganze Habe verschenkte und wenn ich meinen Leib dem Feuer übergäbe, hätte aber die Liebe nicht, nützte es mir nichts.

Die Liebe ist langmütig, die Liebe ist gütig. Sie ereifert sich nicht, sie prahlt nicht, sie bläht sich nicht auf.

Sie handelt nicht ungehörig, sucht nicht ihren Vorteil, lässt sich nicht zum Zorn reizen, trägt das Böse nicht nach.

Sie freut sich nicht über das Unrecht, sondern freut sich an der Wahrheit.

Sie erträgt alles, glaubt alles, hofft alles, hält allem stand. Die Liebe hört niemals auf. Prophetisches Reden hat ein Ende, Zungenrede verstummt, Erkenntnis vergeht.

Denn Stückwerk ist unser Erkennen, Stückwerk unser prophetisches Reden; wenn aber das Vollendete kommt, vergeht alles Stückwerk.« (1 Kor 13,1–10)

Dass das Höchste die Liebe ist, betont auch der deutsche Mystiker Meister Eckhart. Anders als Paulus ist er nicht an der Unternehmenskultur kirchlicher Gemeinschaften interessiert. Er gräbt absichtslos in den Tiefen der Gotteseinung. Sie ist das geheime Ziel jeder menschlichen Lebensgeschichte. Wie sie sich ereignet, macht der Mystiker an der Gestalt Jesu Christi (am »Sohn«) fest. Diesen »gebiert« der Vater. Und aus beiden, dem Vater und dem Sohn »blüht der Heilige Geist aus«.

Was nun in Gott geschieht, nimmt der mystische Meister Eckhart als Modell für die Reifung eines jeden Menschen. Ein Mensch wird nur dazu erschaffen, damit schließlich Gott in ihm geboren werden kann, er also im Zuge einer Gottesgeburt in ihm »Sohn« wird. Dann aber wird auch der Mensch in das göttliche »Ausblühen des Heiligen Geistes« hineingezogen. Im Feuer des Geistes wird der Mensch gleichsam »verbrannt«, eingeschmolzen wie Gold, um schließlich »gänzlich Liebe zu werden«.

»... nicht aber so der Heilige Geist:
der ist vielmehr nur ein Ausblühen aus dem Vater
und aus dem Sohn
und hat doch eine Natur mit ihnen beiden.
Darum sollen wir niemals ruhen, bis wir das werden,
was wir ewiglich in ihm gewesen sind ...
Darum sage ich, dass es des Vaters Wesen ist,
den Sohn zu gebären, und des Sohnes Wesen,
dass ich in ihm und nach ihm geboren werde;
des Heiligen Geistes Wesen ist es,
dass ich in ihm verbrannt
und in ihm völlig eingeschmolzen
und gänzlich Liebe werde.«[5]

5 Meister Eckhart, Deutsche Predigten; EP 25 (270)

Pfingsten des Konzils

Wir machen einen großen Sprung in der Geschichte der Kirche: vom ersten Pfingsten zum Pfingsten des Zweiten Vatikanischen Konzils. Von Jerusalem nach Rom, von der jungen Kirche des Anfangs zur Weltkirche von heute.

Papst Johannes XXIII., der das Konzil einberufen hatte, wollte, dass Gottes Geist durch diese Kirchenversammlung in die geschlossene Kirche Bewegung bringt. War sie doch bis dahin auf Abgrenzung zur Welt und innere Einheit bedacht. Symbol für die »Geschlossenheit« war die wehrhafte »feste Burg« mit hohen Mauern und mächtigen Verteidigungsanlagen gegen die Gefahren der modernen Welt, eine Art uneinnehmbares Bollwerk. Die innere Geschlossenheit kostete freilich einen hohen Preis: Das Evangelium war nicht mehr Sauerteig der gemiedenen modernen Welt.

Papst Johannes setzte dagegen das Bild vom gastlichen Haus mit geöffneten Fenstern. Offen sollte die Kirche sein nicht nur für den Dialog mit der modernen Welt, sondern zuvor spirituell besehen für den einströmenden Gottesgeist. Kurzum: offen für ein neues Pfingsten.

Ein deutscher Bischof hat dieses Hoffnungsbild von Johannes XXIII. aufgegriffen und makaber umgedeutet. Er vermerkte: *»Mein Vorgänger hat die Fenster der Diözese weit aufgemacht. Und jetzt stehe ich im Zug da.«* Das hat freilich Gottes Geist so an sich: Er ist eben nicht ein sanftes Mailüftchen; schon gar nicht steht er für Windstille – also kirchliche Stagnation; sondern, so die Apostelgeschichte, er ist wie ein brausender Sturm, Entwicklung und Aufbruch.

Seit ihren Anfängen scheint die Frage danach, ob sie sich der »Welt« verschließen oder öffnen wolle, die Grundfrage für die Kirche zu sein. Bleiben beide Bewegungen in einer guten schöpferischen Balance, ist es für den Dienst der Kirche in der Welt günstig. Verschlägt es die Kirche auf einen der beiden Pole, dann gerät ihr Auftrag in Gefahr. Das eine Mal wird sie weltfremd, das andere Mal verweltlicht.

Zur Überprüfung der eigenen Haltung können zwei wundersame biblische Texte dienen. Für die einen liegt die Kirche, *weil* sie sich geöffnet hat, im Argen. Diese könnten sich auf den Propheten Nehemia berufen, wenn sie sich danach sehnen, die Fenster zur Welt zu schließen, und neuerlich von einer »geschlossenen« Kirche träumen:

»Jetzt aber sagte ich zu ihnen: Ihr seht selbst, in welchem Elend wir leben: Jerusalem liegt in Trümmern und seine Tore sind abgebrannt. Gehen wir daran und bauen wir die Mauern Jerusalems wieder auf! So machen wir unserer Schande ein Ende.« (Neh 2,17)

Wer nach wie vor auf der Spur Johannes XXIII. und seines Traums vom neuen Pfingsten bleiben will, wird sich an einer Vision des Propheten Sacharja erfreuen. Wie Jerusalem weiß ein solcher Zeitgenosse auch die Kirche unter Gottes Schutz, und zwar gerade dann, wenn sie selbst gegenüber der Welt nicht »mauert«, sondern es aus der Kraft des Gottesgeistes wagt, eine weltoffene Kirche zu sein:

»Danach blickte ich hin und sah: Da war ein Mann mit einer Messschnur in der Hand. Ich fragte: Wohin gehst du? Er antwortete mir: Ich gehe, um Jerusalem auszumessen und zu sehen, wie breit und wie lang es sein wird. Da trat der Engel, der mit mir redete, vor und ein anderer Engel kam ihm entgegen und sagte zu ihm: Lauf und sag dem jungen Mann dort: Jerusalem wird eine offene Stadt sein wegen der vielen Menschen und Tiere, die darin wohnen. Ich selbst – Spruch des Herrn – werde für die Stadt ringsum eine Mauer von Feuer sein und in ihrem Innern ihr Ruhm und ihre Ehre.« (Sach 2,5–9)

Eine offene Kirche in der Welt von heute

»Kirche in der Welt von heute«, so lautet der Titel des konziliaren Manifests für ein neues Pfingsten. Die kircheninterne Sprache nennt dieses Manifest »Pastoralkonstitution«. Manche verwenden dieses Wort zur Abwertung: Eine Pastoralkonstitution enthalte eben nichts Dogmatisches, dauerhaft zu Glaubendes und zu Lehrendes. Sie sei *nur* eine Pastoralkonstitution, zeitgebunden und damit zeitgeistig und rasch überholt.

Das Wort »Konstitution« ist aber auch anders lesbar. In modernen Staaten bildet eine Konstitution die Grundlage für Recht und Gerechtigkeit. In ihrem Rahmen und von ihr geleitet spielt sich das öffentliche Leben und Zusammenleben ab. Konstitution lässt erkennen, in welcher »Verfassung« eine Gesellschaft ist. Eine solche Art von »Verfassung« ist auch die Pastoralkonstitution des Zweiten Vatikanischen Konzils. Sie sorgt dafür, dass die Kirche in der Welt von heute »in guter Verfassung« ist.

Kirchennostalgiker halten dieses Positionierungsmanifest und mit ihm das Konzil insgesamt für einen falschen Schritt in die falsche Richtung. Sie befürchten, dass im Zuge der Weltöffnung die Kirche »nicht zur Welt kommt«, sondern »verweltlicht« werde. Nicht das Evangelium dringe in die moderne Welt ein, sondern der Geist der Welt, der vielgeschmähte Zeitgeist in die Kirche. Aber warum sollte der Zeitgeist immer etwas Negatives sein? Vom Zeitgeist als »Rauch des Satans« hatte der damals schon schwer erkrankte Paul VI. verängstigt-beschwörend gesprochen.

Man erinnert sich an den heiligen Athanasius, der mahnte: *»Wir dienen dem Kyrios, nicht dem Kairos.«* Dem Kyrios zu dienen – das ist bleibender Auftrag. Als Kirche Christi dient sie unentwegt und allein ihrem »Herrn«:

Jesus Christus. Kairos hingegen meinte bei Athanasius, ganz im Sinn des Johannesevangeliums, einseitig die gottwidrige »Welt« oder im Sinn des Apostels Paulus das bösartige »Fleisch«, das dem Geist entgegenarbeite.

Fatal an diesem Konzept ist, dass ein Aspekt der »Welt« herausgegriffen und für das Ganze gehalten wird. Es kommt zur theologischen Schwarz-Weiß-Malerei. Hier das Gute (die Kirche: wir also), dort das Böse (die Welt: die anderen). Aber ist es nicht oftmals umgekehrt? Ist nicht manchmal mehr Gottesgeist in der modernen Welt und mehr (veralteter) Zeitgeist in der Kirche? Die Kirche, von der manche Nostalgiker träumen, ist nicht die lebendige und entwicklungsbereite Kirche des Geistes, sondern weit mehr die Kirchengestalt vor der französischen Revolution oder, in Osteuropa, der Zeit vor dem Kommunismus. Aber der Geist weht, wo und wann er will. Und manchmal hat er in der modernen Welt mehr Chancen als hinter den verschlossenen Mauern einer veralteten Kirche. Das heißt in der Umkehrung nicht, es gebe nichts Gutes, keinen Gottesgeist in der Kirche. Das Antiquierte erweist sich nicht selten als das Avantgardistische. Insgesamt gilt aber: Es gibt sowohl in der Kirche wie in der Welt Gutes und Böses, geistvolle und geistlose Anteile.

Das gewichtige Wort Kairos muss nicht so negativ gefüllt werden, wie Athanasius das getan hat. Der griechische Mythos sieht im Kairos einen rasant laufenden Mann. Dieser hat einen Glatzkopf mit einem Restbüschel an Haaren an der Stirn.

Der alexandrinische Dichter Poseidippos macht uns mit dem Kairos in folgendem poetischen Dialog bekannt:

Gott der Gelegenheit

Wo ist der Künstler zu Haus?
In Sikyon wohnt er.
Sein Name?
Ist Lysippos.
Du bist?
Gott des allmächtigen Moments.
Sag, warum gehst du auf Zehen?
Ich laufe beständig.
Weswegen hast du Flügel am Fuß?
Weil ich so flink bin wie Wind.
Und du hältst in der Rechten ein Messer?
Es kündet den Menschen:
nichts in der Weite der Welt schneidet so scharf
wie ich selbst.
Und das Haar an der Stirn?
Beim Zeus, der Begegnende soll mich schnellstens erhaschen.
Warum bist du denn hinten so kahl?
Bin ich mit fliegendem Fuß erst einmal vorübergeglitten, hält
mich, so sehr man es wünscht, keiner von hinten mehr fest.
Und warum schuf dich der Künstler?
Für euch! Und zu eurer Belehrung bestellte er,
Wandrer, mich auch hier in der Vorhalle auf.[6]

Man muss, so die Botschaft des alten weisen Mythos, die Gelegenheit (den »Kairos«) beim Schopfe packen. Diese Weisheit gilt für alle Zeiten. Denn Mythen erzählen in zeit-

---

6 Dieses Epigramm schrieb der alexandrinische Dichter Poseidippos, ein Zeitgenosse des Kaisers Alexander des Großen (356–323 v. Chr.). Er schrieb es zu einem Bild des Kairos, des Gottes der Gelegenheit, des rechten Augenblicks, das noch im vierten Jahrhundert in Olympia, dem alten griechischen Heiligtum des Gottes Chronos und des Zeus in Elis stand. Ein Torso dieses Reliefs findet sich in der kroatischen Hafenstadt Trogir. Vgl. Anthologia Graeca, 449.

gebundenen Geschichten, was immer und überall der Fall ist. Michail Sergejewitsch Gorbatschow formulierte daher treffsicher, an den Kairosmythos angelehnt: *»Wer zu spät kommt, den bestraft das Leben.«*

Jesus war solch kairologisches Denken wohlvertraut. Er war fest davon überzeugt, dass mit ihm eine neue Zeit angebrochen ist. Er nannte es kühn das Reich Gottes, also die Umwandlung der Welt und der Menschheit hinein in die bleibende, von Gott gedachte Gestalt, hinein in den auferstandenen kosmischen Christus (Kol 1,15–20). Doch die gut gebildeten religiösen Behörden und ihre theologischen Ratgeber begriffen das weit weniger als einfache Leute, Sünder, Dirnen und Zöllner mit Grundschulbildung. Daher hält Jesus ihnen vor, nicht zeitsensibel zu sein. Zwar könnten sie das Wetter deuten, nicht aber die »Zeichen der Zeit«, die eine Lesehilfe sind für das unaufhaltsame Vorankommen Gottes mit seiner Welt und darin seinem auserwählten Volk.

»Außerdem sagte Jesus zu den Leuten: Sobald ihr im Westen Wolken aufsteigen seht, sagt ihr: Es gibt Regen. Und es kommt so. Und wenn der Südwind weht, dann sagt ihr: Es wird heiß. Und es trifft ein. Ihr Heuchler! Das Aussehen der Erde und des Himmels könnt ihr deuten. Warum könnt ihr dann die Zeichen dieser Zeit nicht deuten?« (Lk 12,54–56)

Meint bei Athanasius Kairos die gottwidrige Welt, ist bei Jesus der Kairos ein Mittel, durch das Gott sich in der Welt vernehmlich macht und auch seine Kirche belehrt. Athanasius kann dann – auf Jesus gestützt – mit bestem Gewissen so umformuliert werden: »Wir dienen dem Kyrios im Kairos«, dem Herrn im Heute. Genau das war das Programm des konziliaren Manifests »Kirche in der Welt von heute«. Wer so denkt, hat eine hoffnungsschwangere Theologie der Welt, wie sie konkret ist. Genährt wird eine solche redliche

Theologie vom Wissen, dass der Geist Gottes weht, wo er will. Also auch in der modernen Welt – jenseits der eng umrissenen, manchmal zu hoch aufgerichteten Mauern der Kirchen.

Dieses Vertrauen auf das Wirken Gottes auch in der modernen Welt muss uns nicht blauäugig machen. Wahrlich nicht alles Moderne ist gut: Kriege, Armut, Profitgier, Unterdrückung von Frauen, Gewalt gegen Kinder »schreien zum Himmel«, sind böse und durch nichts zu rechtfertigen.

Und dennoch gibt es in eben dieser Welt mit ihren »Todeszeichen« auch geistgewirkte »Lebenszeichen« – oft weit früher als in der Kirche: Menschenrechte, Würde der Person, ihre unantastbaren Freiheiten, die Abschaffung der Sklaverei, das Ringen um mehr Gerechtigkeit, die Anerkennung der Gleichberechtigung der Frauen, die ökologische Besorgtheit, um nur einige aktuelle Beispiele zu nennen. Die Kirche ist in eben diese konkrete Welt gesandt, ob es ihr gefällt oder nicht. Nostalgischer Rückzug aus der Welt steht nicht in dem ihr von Gott gegebenen Auftrag.

Zeitunsensiblen Nostalgikern musste schon der Prophet Jeremia ins Gewissen reden. Aus dem provinziellen Jerusalem in das Exil nach Babylon, in die moderne Welt der Vorzeit vertrieben, schürten selbsternannte prophetische Dilettanten im Volk populistisch nostalgische Emotionen. Das Ziel für die Heimatvertriebenen könne doch nur lauten: möglichst rasch zurück in die Heimat, in die alten Verhältnisse, in die vertraute Zeit, in das Vertraute und Bekannte – also nach Jerusalem. Ganz anders der wahre Prophet widerborstig:

»So spricht der Herr der Heere, der Gott Israels, zur ganzen Gemeinde der Verbannten, die ich von Jerusalem nach Babel weggeführt habe: Baut Häuser und wohnt darin, pflanzt Gärten und esst ihre Früchte! Nehmt euch Frauen und zeugt

Söhne und Töchter, nehmt für eure Söhne Frauen und gebt eure Töchter Männern, damit sie Söhne und Töchter gebären. Ihr sollt euch dort vermehren und nicht vermindern. Bemüht euch um das Wohl der Stadt, in die ich euch weggeführt habe, und betet für sie zum Herrn; denn in ihrem Wohl liegt euer Wohl. Denn so spricht der Herr der Heere, der Gott Israels: Lasst euch nicht täuschen von den Propheten, die unter euch sind, und von euren Wahrsagern. Hört nicht auf die Träume, die sie träumen. Denn Lüge ist das, was sie euch in meinem Namen weissagen; ich habe sie nicht gesandt – Spruch des Herrn.« (Jer 29,4–9)

Der große Mailänder Kardinal Carlo Maria Martini, jahrelang Vorsitzender des Rates der Europäischen Bischofskonferenzen, hielt in dieser Eigenschaft seinen bischöflichen Mitbrüdern aus Europa eine eindringliche Mahnrede. Denn auch er beobachtete – es war 1989, also 24 Jahre nach dem Abschluss des Zweiten Vatikanischen Konzils –, dass sich eine wachsende Zahl von Bischöfen, vor allem nach dem Konzil ernannte, nostalgisch in die alte Zeit zurücksehnte.

Konstantinische Ära

Alte Zeit: Das war die in Europa Jahrhunderte währende Zeit der Konstantinischen Ära. Die Menschen mussten damals einer Kirche, nach den Wirren der Reformation einer christlichen Konfession angehören. Welcher, das gab das Herrscherhaus vor. So sollte nach dem Dreißigjährigen Religionskrieg Frieden werden: zwischen den Konfessionen und damit auch zwischen den verfeindeten Nationen Europas. Katholik oder Protestant zu sein war von da an Schicksal. Christ wurde man gleichsam nicht nur mit der Kindertaufe, sondern mit dem Geburtsort und der Religion des Herrschers, in dessen Reich man hineingeboren wurde. Es gab eine Art »kanonisches Territorium«, ein Begriff, mit dem in den Gebieten der Orthodoxie die Kirche bis heute einen Monopolanspruch auf die in einem Land lebenden Menschen erhebt. Wer auf diesem Territorium lebt, ist von Haus aus ein orthodoxer Christ.

Aus Gründen des politischen Überlebens sorgten die Herrschenden mit strenger Hand für die Einhaltung dieser Regeln. Wer nicht spurte, verlor seine Existenzgrundlage und wurde ins Jenseits befördert oder später, in »toleranteren« Zeiten, ins Ausland ausgewiesen. Die Wiener Hausmeister zum Beispiel sammelten in der Osterzeit im Auftrag der Kaiserin Maria Theresia die Beichtzettel ein. Die fromme Kaiserin verordnete auch wegen der Trinkfreudigkeit der Männer am Sonntagvormittag die Schließung der Wirtshäuser während der Gottesdienste und verpasste diesen am Nachmittag eine »Christenlehre«. Kurzum: Religion war in solchen Zeiten Schicksal. Die statistischen Zahlen tendierten zu lückenlosen 100 Prozent.

Vom Schicksal zur Wahl

Es war wenige Wochen vor seinem Tod, als mich Kardinal König zu einem Mittagessen einlud. Wie immer stellte er während des Essens unentwegt Fragen. Sein Hauptthema an diesem Tag: Ob er sich irre, wenn er annehme, dass die Konstantinische Ära vor unseren Augen endgültig zu Ende gehe? Was für ein wacher und sensibler Zeitbeobachter Kardinal König doch war!

Peter L. Berger, der in Wien geborene, vor den Nazis nach Amerika emigrierte Religionssoziologe hat diese Entwicklung auf die einfache Formel »vom Schicksal zur Wahl« gebracht. Moderne Menschen sind wählerisch geworden.

Und sie können das nach dem Wegfall einschlägiger staatlicher Gesetze und der sich anschließenden Auflösung kultureller Selbstverständlichkeiten ohne soziale Nachteile auch sein. Sie wählen, ob sie glauben oder nicht. Sie komponieren selbst ihre religiöse Musik. Sie richten sich ihr eigenes Glaubenshaus ein, das sie eine Zeit lang bewohnen, um neuerlich umzubauen. In welchem Ausmaß sie (dabei) auf eine Kirche hören, entscheiden sie selbst (freilich eingebunden in ihre unmittelbare Lebenswelt).

Die Kirchen wären gut beraten, aus dieser Wählbarkeit Schlüsse für ihr pastorales Arbeiten zu ziehen. Die amtlichen Verkündiger des Evangeliums würden sich dann alle Mühe geben, authentisch in der Sprache der Menschen zu reden; sie brauchten zudem gute Argumente. Sie hörten auf, in kirchenüblicher Sprache um den heißen Brei herum zu reden. Wichtiger als die (nie ganz behebbaren) Irritationen würden die Gratifikationen sein: Was fällt mir zu, was gewinne ich, wenn ich mich mit der Kirche zusammentue? Rituale an Lebensübergängen, die Beteiligung am bestens funktionierenden Global Player der Welt für Menschlichkeit und Gerechtigkeit, Gemeinschaft und Sinn wären Präsente der Kirche, die sich den Menschen präsent präsentiert. Was wäre das für eine Kirche für die vielen Bedrängten, Mutlosen, Verzweifelten und Verängstigten, die von der Geisel AIDS Geschlagenen, die gleichgeschlechtlich Liebenden, diejenigen, die im Elend einer toten Ehe nicht ausharren bis in den eigenen Untergang und zum Schaden der Kinder, sondern sich neu verbündet haben!

Zurück zu den belastenden Irritationen und der Kraft von Gratifikationen. Selbst Jesus hatte seine Jünger ziemlich irritiert, als er ankündigte, dass er den Menschen seinen Leib zum Einverleiben geben werde. Viele verließen ihn daraufhin. *»Da fragte Jesus die Zwölf: Wollt auch ihr weg-*

gehen? Simon Petrus antwortete ihm: Herr, zu wem sollen wir gehen? Du hast Worte des ewigen Lebens.« (Joh 6,67f) Die Urgratifikation der christlichen Kirchen ist die Überwindung des Todes, die uns freisetzt für umfassende Liebe – und in diesem Sinn »ewiges Leben«.

Wählen können heißt für moderne Zeitgenossen keineswegs nur abwählen. Es gibt neben Austritten Eintritte in die kirchlichen Gemeinschaften. Manche werden nicht gleich formelles Kirchenmitglied, sondern zunächst »nur« informelles Gemeindemitglied mit einer Grundsympathie für das Leben und Wirken einer lebendigen Gemeinschaft. Zudem haben selbst manche Zeitgenossen und Zeitgenossinnen, die nicht in eine Kirche eintreten, hohe Erwartungen an diese und nehmen auch dann und wann am Leben der Kirche teil (unkontrollierbar und ohne Auswirkungen auf die Kirchenfinanzen!). Es ist ähnlich wie mit den Gewerkschaften: Ohne Mitglied zu sein erwarten dennoch viele, dass sich die Gewerkschaften für die arbeitenden und hoffentlich künftig mehr als bisher auch für die erwerbslosen Menschen stark machen.

Haben die Kirchen, hat ihre Pastoral, diese tiefgreifenden Veränderungen im Gefüge moderner Gesellschaften und im Bewusstsein moderner Bürgerinnen und Bürger auch wirklich wahrgenommen? Ob das der Fall ist, lässt sich an einem vermeintlich nebensächlichen Detail rasch erkennen. Wenn zum Beispiel laut einer Statistik von 2006 in Österreich etwa 16 Prozent sonntags regelmäßig zur Kirche gehen (was empirisch nachgeprüft konkret bedeutet: drei Sonntage im Monat), deuten wir das so, dass es *nur noch* 16 Prozent sind? Oder denkt jemand: Es ist höchst erfreulich, dass es unter modernen Bedingungen der Wahlfreiheit den Kirchen gelingt, 16 Prozent freiwillig jeden Sonntag zu einem Gottesdienst zu versammeln! Keiner einzigen Organisation gelingt dies in einer modernen Kultur. Nicht wenige Priester, manchmal jene, die ohne Umlernen aus einer polnischen in eine österreichische Pfarrei versetzt werden, aber auch hier geborene und ausgebildete, sind Pastoralnostalgiker. Sie trauern den vormodernen Verhältnissen nach, in denen nicht die Kirche, sondern Staat und Kultur die Hauptakteure einer zahlenmäßig erfolgreichen Pastoral waren. Und genau deshalb ist ihnen auch das Zweite Vatikanische Konzil unheimlich, weil es sich der modernen Freiheitskultur gestellt hat. Das Nachdenken über das Gewissen jedes Menschen, dessen Würde und verantwortliche Freiheit, und sein Verhältnis zum Lehramt der Kirche ist ein Paradebeispiel für den Wandel und ob jemand ihn begrüßt oder ablehnt.

Zurück zur Exhortatio – der Ermutigungsrede –, mit der Kardinal Martini die in Rom zu einem Symposium über Geburt und Tod als Herausforderung der Evangelisierung versammelten nostalgischen Mitbischöfe gewinnen wollte, mutig den Weg Jesu mitzugehen, was heißt, provinzielle Nostalgie zu verlassen (Galiläa) und sich der modernen offenen Gesellschaft (Kafarnaum) auszusetzen:

»Um die Geisteshaltung ... auszudrücken, will ich mich auf eine Stelle des Matthäusevangeliums beziehen. Am Beginn seines Wirkens – er hat bereits die Versuchungen bestanden – ›verließ Jesus Nazaret, um in Kafarnaum zu wohnen, das am See liegt, im Gebiet von Sebulon und Naftali. Denn es sollte sich erfüllen, was vom Propheten Jesaia gesagt worden ist‹ (Mt 4,13f.).

Der Evangelist deutet das, was von außen besehen lediglich als einfacher Ortswechsel erscheint, als eine Tatsache von tiefer Bedeutung.

Was war nämlich Nazaret? Ein unbedeutender Marktflecken in Galiläa, der weder im Alten Testament noch bei

Josephus Flavius noch im Talmud erwähnt ist. Es ist ein Ort ländlicher Ruhe, einfacher Lebensformen, kleiner Eifersüchteleien und begrenzter Horizonte. Im Vergleich dazu erscheint Kafarnaum als eine offene und bunte Stadt, ein Ort der Arbeit und des Handels, der Banken und des Verkehrs, Grenzstadt im Galiläa der Heiden, Sitz der römischen Verwaltung, Ort der Begegnung zwischen den Kulturen.

Auch für Jesus bedeutet der Ortswechsel nach Kafarnaum, Gewohnheiten, das Vorhersehbare zu verlassen und sich dem Wandel, den Begegnungen auszuliefern, dem, was wir heute Auseinandersetzung mit der ›Moderne‹, mit der ›Komplexität‹, mit dem ›Pluralismus‹ nennen. Nach Kafarnaum hinabsteigen hieß also, sich mit einer neuen Lebensweise auseinanderzusetzen, mit Leuten, mit dem täglichen Leben, das gekennzeichnet ist von harter Arbeit und Leiden, von Neuem und Unsicherheit. Nicht umsonst beschreibt der Evangelist Markus den ersten Aufenthalt Jesu in Kafarnaum als eine Begegnung mit Besessenen und mit allen möglichen Kranken (Mk 1,23.30.32).

Jesus begegnet diesem Wandel nicht widerwillig, so als ob er nostalgisch Nazaret verbunden geblieben wäre. Er hat Kafarnaum so angenommen, dass man es ›seine Stadt‹ nennen konnte (Mk 9,1). Das hinderte ihn nicht, frei und kritisch gegenüber der Stadt zu sein. Er verschweigt nicht die Schuld, spart nicht mit Mahnungen, bis hin zur Drohung, wie man in Mt 11,23 sieht. Aber alles nimmt seinen Ausweg von einer tiefen Liebe, von einer täglichen Anwesenheit, von einem Teilnehmen am Geschick und den täglichen Leiden seines Volkes.«[7]

7 Die Europäischen Bischöfe und die Neu-Evangelisierung Europas. Rat der Europäischen Bischofskonferenzen (CCEE), Bonn 1991, 367–383, hier 368f.

Löscht den Geist nicht aus

Ein neues Pfingsten kommt ungestüm. Oft wird es gar nicht erwartet. Und wenn es kommt, löst es keineswegs immer nur Freude bei den kirchlichen Behörden und den Kirchenmitgliedern aus. Pfingsten mutet nämlich Veränderung und Umkehr zu – oder jesuanisch: »Metanoia«, also Neuausrichtung und Aufbruch zu neuen Ufern.

Änderung und damit Wandel aber haben es nicht leicht. Ihnen wird Widerstand entgegengesetzt. Wer Veränderung verlangt, wird nicht selten als Kritiker und Unruhestifter gebrandmarkt. Ist er alt genug, bekommt er in der Gemeinschaft die Rolle eines Hofnarren. Man lässt ihn folgenlos reden. Große Theologen und Bischöfe hat solches Schicksal ereilt, Karl Rahner ebenso wie Reinhold Stecher, um nur zwei prominente Beispiele zu nennen.

Es kann noch schlimmer kommen. Denn statt den Heiligen Geist bedingungslos zu empfangen, kann dieser auch (insoweit schon vorhanden) ausgelöscht werden. Das kann auch mit dem Heiligen Geist geschehen, der auf dem Weg des Konzils in die Kirche gekommen ist. Deshalb mahnen die Konzilsväter gerade die Leitenden, »denen es in besonderer Weise zukommt, den Geist nicht auszulöschen, sondern alles zu prüfen und das Gute zu behalten (vgl. 1 Thess 5,12 u. 19–21)«.[8] Den Geist auszulöschen ist eine ständige Versuchung einer Kirche, die ihre Lebendigkeit einzig dem Geist Gottes verdankt. Schon im Brief an die Gemeinde von Thessaloniki ist deshalb mahnend zu lesen:

»Löscht den Geist nicht aus! Verachtet prophetisches Reden nicht! Prüft alles und behaltet das Gute!« (1 Thess 5,19–21)

---

8 Lumen gentium, 12.

Unterscheidung der Geister

Nicht für kritikloses Annehmen all dessen, was im Namen des Heiligen Geistes daherkommt, wirbt dieser frühe Text. Dass alles zu prüfen ist und nur das Gute behalten werden soll, deutet darauf hin, dass oft gerade Geistloses als Geistgabe ausgegeben wird, oder salopp formuliert, dass manche ihren eigenen Vogel mit dem Heiligen Geist verwechseln. Aber wer soll prüfen? Und was ist das Gute? Wie kann beides erkannt und entschieden werden?

Dazu braucht es die in Zeiten der Veränderung wohl wichtigste Geistgabe: die Gabe der Unterscheidung der Geister. Paulus rechnet in seinem Pastoralschreiben an die Gemeinde in Korinth damit, dass dem einen prophetisches Reden, einem andern die Fähigkeit verliehen wird, die Geister zu unterscheiden (1 Kor 12,10). Die Gabe der Unterscheidung der Geister ist nicht von Haus aus immer den Amtsträgern geschenkt, auch wenn diese für das Gemeinwohl der Kirche verantwortlich und für diese Aufgabe auf Gottes heiligen Unterscheidungsgeist angewiesen sind. Es müssen auch nicht immer einzelne sein, welche am Prozess einer Geisterunterscheidung beteiligt sind. Auch kirchliche Gemeinschaften oder Pfarrgemeinderäte können einen solchen Weg der »discretio spirituum«, der Unterscheidung der Geister, gehen. Verlässliche Erfahrungen für einen solchen geistlichen Weg der Unterscheidung hat der heilige Ignatius in seinem Exerzitienbuch für einzelne Suchende vorgelegt. Der Jesuit Ludwig Bertsch hat diese Weisungen auf Gruppen übertragen, die einen solchen Weg gemeinsam gehen wollen.[9]

---

9 Bertsch, Ludwig: in: Zielgruppen. Brennpunkte kirchlichen Lebens, hg. v. Bertsch, Ludwig u. Rentmeister, Karl-Heinz, Frankfurt 1977, 195–210. Die Gabe der Unterscheidung. Texte aus zwei Jahrtausenden, hg. v. Marianne Schlosser, Würzburg 2008.

Den Geist nicht auslöschen

So wichtig also eine satte Skepsis gegenüber den selbsternannten Propheten ist (was ja auch Jeremia zu seiner Zeit sein musste): Die andere Gefahr, dass nämlich der Geist ausgelöscht wird, ist heute größer als zu anderen Zeiten. Die Gründe dafür liegen auf der Hand. Die Bürokratie ist auch in der Kirche stark wie noch nie. Vor allem dort, wo die Finanzen zentral verplant werden, kann über das Geld leicht auch der Geist mitverwaltet werden. Werden dann die finanziellen Ressourcen knapp, mit denen bislang ein opulenter Kirchenbetrieb finanziert werden konnte, dann ist die Versuchung naheliegend, den herkömmlichen Kirchenbetrieb finanziell zu sanieren, statt mit der Phantasie des Gottesgeistes den Kirchenbetrieb selbst tiefgreifend zu erneuern. Statt die Kirche umzubauen, kann sie totgespart werden. Aber warum sollte aus dem geistlosen Betrieb nicht ein geistvolles Ereignis werden?

Die Gefahr, dass der der Kirche geschenkte Geist Gottes ausgelöscht wird, ist aber nicht erst heute akut. Sie war offensichtlich schon vor dem und während des Zweiten Vatikanischen Konzils gegeben. Sonst hätte nicht Karl Rahner auf dem Österreichischen Katholikentag in Salzburg im Jahre 1962 – also während des Konzils – seinem Hauptreferat den Titel *»Löscht den Geist nicht aus«* gegeben. In dieser hör- und lesenswerten[10] Rede führte er u. a. aus:

»Das Erste, was getan, was zu Herzen genommen werden müsste, wäre die Sorge, es könne der Geist ausgelöscht werden ... Darum muss uns alle die Sorge quälen, dass wir es sein könnten, die den Geist auslöschen: ihn auslöschen durch

10 Zum Anhören: Archiv der Karl-Rahner-Akademie in Köln, http://www.kath.de/akademie/rahner/index2.html. Zum Nachlesen: Rahner, Karl: Löscht den Geist nicht aus! in: Schriften zur Theologie 7, Zürich 1966, 77–90.

den Hochmut der Besserwisserei, durch die Herzensträgheit, durch die Feigheit, durch die Unbelehrbarkeit, mit denen wir neuen Impulsen, neuem Drängen in der Kirche begegnen. Wie vieles wäre anders, wenn man dem Neuen nicht so oft entgegentreten würde mit der überlegenen Selbstsicherheit, mit einem Konservativismus, der nicht Gottes Ehre und Lehre und Stiftung in der Kirche verteidigt, sondern sich selbst, die alte Gewohnheit, das Übliche, das schon Gewohnte, dass man leben kann ohne den Schmerz der täglich neuen Metanoia. Wenn man aber brennend empfände, dass man auch gerichtet werden kann für seine Unterlassungen, für seine diffuse anonyme Herzenshärte und Trägheit, für seinen schuldhaften Mangel an schöpferischer Phantasie und an Mut zu Kühnem, dann würde man sicher hellhöriger, vorsichtiger, zuvorkommender achten auf die leiseste Möglichkeit, dass sich irgendwo der Geist regt, der nicht schon in den amtlichen Formeln und Maximen der Kirche und ihrer amtlichen Stellen eingegangen ist.«[11]

Als die deutschen Bischöfe die Gemeinsame Synode der Bistümer der Bundesrepublik Deutschland (mit Westberlin) nach Würzburg einberiefen, wurde Karl Rahner noch konkreter. Jetzt schrieb er auch nicht mehr im negativen Modus der Warnung vor einer Geistauslöschung. Vielmehr skizzierte er positiv, auf welche Erneuerungen sich die Kirche in Deutschland einlassen müsse, wenn sie – in der Spur des Zweiten Vatikanischen Konzils – darauf *»hört, was der Geist den Gemeinden sagt« (Offb 2,7ff.).* Ein tiefgreifender Strukturwandel, so Rahner, stehe der Kirche in Deutschland ins Haus. Dieser sei Chance und Aufgabe zugleich.[12]

11 AaO., 85.
12 Rahner, Karl: Strukturwandel der Kirche als Aufgabe und Chance, Freiburg 1972.

In prophetischer Weitsicht benannte er dann Themenfelder einer kirchlichen Rundumerneuerung. Es sind Themen, von denen viele bis heute nicht erledigt sind. Noch mehr: Karl Rahner konnte zu einigen Themen erheblich offener reden, als wir es uns heute in der katholischen Kirche erlauben (dürfen). Über einzelne seiner Anliegen (wie Zugang von Frauen zu kirchlichen Ämtern) soll heute, so der Wunsch der Kirchenleitung, öffentlich gar nicht mehr gesprochen und am besten auch nicht mehr nachgedacht werden. Und will einer auf keinen Fall Bischof werden, weil er es als Verlust seiner Meinungs- und Handlungsfreiheit betrachten würde[13], dann sagt oder schreibt er öffentlich das, was er zur Ordination von Frauen denkt. Auf diese Weise wird freilich erreicht, dass zumindest unter den dann doch ernannten Bischöfen niemand auf die Idee kommt, ungelöste Themen aufzugreifen und weiterführende Lösungen vorzuschlagen. Manche tun dies erst dann, wenn sie als Bischof in den Ruhestand treten. Innenleitung und Außenkontrolle (über anrufende Nuntiaturen, bei denen viel zu oft direkt oder auf römischen Umwegen de-nuntiert wird) greifen gut ineinander, wenn es darum geht, dass bestimmte Themen nicht angerührt werden.

Das waren Rahners Themen in seinem vorsynodalen Aufruf an die 1975 in Würzburg versammelten deutschen Bischöfe und ChristInnen: Katholizität, Entklerikalisierung, dienende Besorgtheit, Moral ohne Moralisieren, Kirche der offenen Türen, Kirche der konkreten Weisungen,

---

13 Nicht wenige Theologiestudierende lehnen trotz gefühlter Berufung zum Priesteramt den Weg in dieses ab, nicht weil sie die Ehelosigkeit scheuen, sondern die Zerrissenheit zwischen kirchenamtlichen Positionen und der eigenen Einsicht fürchten. So das Ergebnis einer Erhebung unter Studierenden einer deutschsprachigen theologischen Fakultät im Jahre 2006. Mehr dazu: http://homepage.univie.ac.at/paul.zulehner/php/Paul2/index.php?id=47.

Kirche wirklicher Spiritualität. Für die Zukunft dachte Rahner an eine offene und ökumenische Kirche, eine Kirche von der Basis, die, wo immer es geht, Partizipation lebt und nicht zuletzt auch zugunsten der Menschen gesellschaftskritisch wirkt und sich nicht spirituell einigelt. Die Synode in Deutschland hat sich mutig einer Reihe dieser Anliegen gestellt und Strukturreformen gewagt, deren Umsetzung in den einzelnen Diözesen freilich nur schleppend vorankam. Vor allem das charismatische Synodendokument »Unsere Hoffnung« – federführend war der Rahnerschüler Johann B. Metz – zeugt von Weite und Perspektive. Auch Diözesen anderer Länder haben Synoden abgehalten, um das Zweite Vatikanische Konzil vor Ort zu implementieren. Der Synodale Vorgang in Österreich 1974 rundete die einzelnen Diözesansynoden ab.

Freilich wurde bereits im Zuge der Ausbreitung des pfingstlichen Konzilgeistes in die einzelnen Regionen der katholischen Weltkirche nach und nach sichtbar, was bis heute von vielen beklagt wird: eine Phase der Stagnation, ja des Rückschritts in der nachkonziliaren Kirchenentwicklung.

Viele Konzilsväter nahmen von Rom nicht nur beschlossene Texte mit, sondern auch die Logik der Öffnung, des Dialogs zwischen Tradition und Situation. Sie sahen im Konzil nicht ein abgeschlossenes Ereignis, sondern lediglich ein verdichtetes Moment einer tiefgreifenden Kirchenreform. So versuchten sie vor Ort, also in ihren Ortskirchen, im »Geist des Konzils« weitere Schritte über das auf dem Konzil Erreichte hinaus zu machen. Zwei Regionen erwiesen sich dabei als besonders mutig: die Niederlande sowie der lateinamerikanische Kontinent. Und in beiden Fällen wurde die Reformdynamik von vatikanischen Dienststellen gebremst bzw. inhaltlich (um)gesteuert: durch oft tiefgreifende

Korrekturen der örtlichen Beschlusstexte sowie – längerfristig und überaus nachhaltig – durch die Ernennung von Bischöfen, welche die von Rom gewollte Kirchenentwicklung garantierten.[14]

Auch die Kirche in Österreich kann dazu unerfreuliche Geschichten erzählen: von den aus Rom verlangten Änderungswünschen in Synodendokumenten sowie vom Versuch, über die Ernennung einer neuen Generation von Bischöfen nach der Ära König den zentral definierten Weg der von Rom erwünschten Konzilsumsetzung zu sichern.

Der neue Zentralismus führte zu einer folgenschweren Gleichschaltung aller Regionen der katholischen Weltkirche. Er degradierte die Ortskirchen faktisch zu örtlichen Filialen der Weltkirche. Diese mussten sich nach den zentralen Vorgaben richten. Dass auch die Zentrale von den Erfahrungen der Ortskirchen lernen sollte, war vergessen.

Die in vielen Teilen der Weltkirche ernannten Bischöfe entsprachen dieser zentralistischen Logik. Ihre Auswahl erfolgt(e) über ein knappes Set von Fragen: Dieses sollte sicherstellen, dass es in der bisherigen Lebensgeschichte eines Kandidaten keinerlei Aussage gab, die nicht der römischen Position entsprach. Jeder Hauch von Kritik führt zum Ausscheiden des Kandidaten. Dabei ging es bei den Nachforschungen über die Kandidaten um sehr enge und angesichts der Lage des Christentums in der Welt von heute eher zweitrangige Fragen: Zölibat, Frauenordination, Humanae vitae, das Tragen priesterlicher Kleidung. Nicht gefragt wurde, ob jemand schon den einen oder anderen modernen Atheisten für den christlichen Glauben gewonnen

14 Zulehner, Paul M.: Kirche in Österreich in bewegter Zeit. Pastoraltheologische Anmerkungen zur Cagna-Schlussrelation, in: Kirche in einer säkularisierten Gesellschaft, hg. v. Binder, Dieter A./Lüdicke, Klaus/Paarhammer, Hans, Innsbruck 2006, 65–89.

hat. Vielleicht wäre das ein tauglicheres Kriterium für die Suche nach Kandidaten in einer für den Gottesglauben gar nicht einfachen Zeit.

Die Art und Weise, wie in der katholischen Weltkirche Bischofskandidaten gefunden werden, ist also eines der wirkmächtigsten Mittel, einen zentral definierten Kirchenkurs durchzusetzen. Die Bischofsernennungen nach Kardinal König in Österreich zeigen freilich, dass eine solche Methode am Ende mehr schaden kann, als sie der Kirche in einem Land nützt. Hätte man tiefer in das gläubige Volk hineingehorcht und gefragt, welche Bischöfe das Land für seine spirituelle und diakonale Entwicklung braucht, dann wäre es zu anderen Ernennungen gekommen. Der Kirche in Österreich wären pastorale Katastrophen – ich halte nach wie vor meinen Begriff vom »pastoralen Supergau« für nicht übertrieben – erspart geblieben, deren Nachwirkungen im verbreiteten Misstrauen gegenüber der katholischen Kirche gerade bei jungen Menschen bis heute spürbar sind.

Als sich 1995 unter Kardinal Groer die Krise der Kirche im Land zuspitzte, nahmen engagierte Personen aus dem Kirchenvolk in Österreich (und bald weit darüber hinaus) die konziliare Aufforderung zur Beteiligung ernst und artikulierten in bestaunenswerter Loyalität ihre Reformanliegen im Bereich der kirchlichen Sexualkultur, der pastoralen Fragen rund um Scheidung und Wiederverheiratung, der Mitbestimmung, der Zulassung von Frauen zu kirchlichen Ämtern. Bischof Weber, ein pastoral weiser Bischof aus der Zeit des Konzils, nahm die ausgestreckte Hand aus dem Kirchenvolk auf und begann einen Dialog für Österreich. Doch dieser kam über eine erste Versammlung in Salzburg nicht hinaus und erstickte letztlich in der Uneinigkeit der österreichischen Bischöfe und dem Druck aus Rom.[15] Die römischen Analytiker waren zu Ansicht gelangt, dass das Kirchenvolksbegehren ein Ausdruck der Krise der Kirche in Österreich sei und nicht jene Kraft, welche es zur Heilung der Krise brauche. Es ist nicht leicht abzuschätzen, was vom Kirchenvolksbegehren blieb außer tiefer Resignation, innerer Kündigung bei einem Teil des hauptamtlichen Personals und dem Auszug viel zu vieler Personen aus der offenen Mitte der Kirche. Die neue Studie der Bertelsmann Stiftung[16] macht deutlich, dass in keinem zentraleuropäischen Land der Abstand junger Menschen zur katholischen Kirche größer ist als in Österreich. »Kirche« gilt für junge Menschen nach wie vor (und das Kirchenvolksbegehren hat dieses Kirchenbild im grellen Licht der Medien monatelang sichtbar gemacht) als sexualneurotisch, frauenfeindlich, undemokratisch, vormodern, kurz: als »out«.

Bischof Egon Kapellari hatte in der dunklen Zeit der Krise, in welche Kardinal Groer und seine unerleuchteten Verteidiger die Kirche in Österreich gestürzt hatten, gemeint, es sei ein Karfreitag für die Kirche im Land. Diesem sei die Grabesstille des Karsamstags gefolgt. Bischof Kapellari ist zuzustimmen. Hinzuzufügen ist lediglich, dass dieser Karsamstag der Grabesruhe immer noch anhält. Die Kirche in Österreich hat sich auf einen unspektakulären Alltag eingerichtet. Man ist schon froh, wenn es keine Unruhe gibt, sondern Ruhe und Frieden – zwei Begriffe, deren Kombination Friedhofsruhe ergibt.

In den Bildern des Kirchenjahres: In Österreichs Kirchenleben ist gewöhnliche Zeit im Jahreskreis. Ein Pfingsten ist

---

15 Für die kirchliche Zeitgeschichte werden in 30 Jahren die einschlägigen Akten im Archiv der Diözese Graz-Seckau zugänglich sein.

16 Spirituelle Dynamik in säkularen Kulturen? Deutschland – Österreich – Schweiz, in: Religionsmonitor 2008, hg. v. Bertelsmann Stiftung, Gütersloh 2007, 143-156.

nicht in Sicht. Man freut sich bereits darüber, wenn sich die Kirchenaustrittszahlen nicht erhöhen, sondern auf hohem Niveau stagnieren: Jedes Jahr verlassen in Österreich Menschen in der Größenordnung einer Kleinstadt die katholische Kirche. Beim Priestermangel wird von manchen deshalb Entwarnung gegeben, weil ausländische Priester die fehlenden einheimischen ersetzen. Für Wien wird prognostiziert, dass 2013 52% der Priester in den Pfarrgemeinden nichtdeutscher Muttersprache sind. Ob es da tröstet, dass in der Stadt Wien immer mehr Menschen mit Migrationshintergrund leben, die starke Gemeinden bilden, wie z.B. Tamilen und Polen? Und die Landgebiete? Überlässt man diese depressiv einer wachsenden Entkirchlichung? Die Kirche würde unter den Bedingungen der Freiheit das erreichen, was der kirchenaggressive Kommunismus etwa in Böhmen geschafft hat.

Nicht wenige beunruhigt die andauernde Stille. Es ist wie in einem Teich, in dem sich das Wasser nicht bewegt. Allmählich wird aus dem lebendigen Teich ein toter Tümpel. Es wäre tragisch, würde auch die Kirche nur noch routinemäßig vor sich hintümpeln.

Widersprüchliche Signale aus Rom

Von kritisch-loyalen Kirchenmitgliedern werden auch die Signale aus Rom als widersprüchlich gedeutet. Dabei ist es Kardinal Joseph Ratzinger als neuem Papst durchaus gelungen, die Herzen vieler zu gewinnen. Als Benedikt XVI. hatte der oberste Glaubenshüter schnell in seine neue Rolle gefunden. Im Bild des Fußballs: Er spielt jetzt nicht mehr Libero, sondern versteht sich als Coach der gesamten Mannschaft.

Die Reden bei seinen ersten Auftritten, etwa beim Weltjugendtag in Köln, waren höchst anspruchsvoll. Auffallend war, dass er nicht moralisierte. Ihm schien – ganz jesuanisch (Mt 7,17f) – klar zu sein, dass ein Baum erst dann gute Früchte tragen kann, wenn er an der Wurzel (von seiner tiefsitzenden Daseinsangst) geheilt ist. Also drehte sich – und das blieb bis heute so – seine Verkündigung um die heilende Mitte des Glaubens, die aus der Einung des Menschen mit Gott erwächst. Auch in seiner ersten Enzyklika *»Deus caritas est«* (Gott ist Liebe) blieb er dieser Grundmelodie treu. Mit Engelszungen verkündete er auf der Bühne der Welt, dass Gott in sich lautere und zugleich ausufernde Liebe ist. Und alles, was Gott in der Welt machte, diene dazu, dass *»auch wir selbst wahrhaft Liebende und Quelle lebendigen Wassers werden können inmitten einer dürstenden Welt«.*[17]

Ein großes Anliegen ist es für Benedikt XVI., mit den Verantwortlichen der modernen Welt darüber zu sprechen, wie weltweite Gerechtigkeit und damit Frieden eine Chance bekommen könnten und wie es gelingen könnte, die Grundrechte des Menschen (seine Würde, die Unantastbarkeit des Lebens von der Wiege bis zum Grab, vom Anfang des Lebens bis zu seinem natürlichen Ende) vernünftig (also selbst atheistisch) zu begründen und so weit über die Grenzen der Weltreligionen hinaus zu sichern. Vernunft und Glaube zusammenzuhalten ist ihm ein zentrales Anliegen in einer Welt, in der nur einem Teil der Menschen die Gnade des Glaubens geschenkt ist. Und nur wenn dies gelingt, erliegt auch die Religion nicht der stets andrängenden Versuchung zur Gewalt. Seine professorale Rede in Regensburg kreiste um dieses friedenspolitisch weitsichtige Thema, wenngleich es rhetorisch für seine Redeziele wohl bessere Zitate gegeben hätte als die Aussage

17 Benedikt XVI.: Deus caritas est, 42. – Zulehner, Paul M., Liebe und Gerechtigkeit. Zur Antrittsenzyklika von Papst Benedikt XVI., Wien 2006.

des islamfeindlichen christlichen Kaisers Manuel II. aus dem tiefsten Mittelalter.

Stagnation der Kirchengestalt?

All dies muss man sich vergegenwärtigen, wenn nun auch zur Sprache kommt, was viele als die andere Seite dieses Pontifikats ansehen. Es ist die bislang nicht zu leugnende Stagnation in Fragen der Erneuerung der Kirchengestalt oder, etwas verschlüsselter ausgedrückt, kirchlicher Strukturen.

Manche Beobachter meinen, dass nicht nur nichts weitergeht, sondern dass es an sensiblen Stellen des kirchlichen Lebens ein unübersehbares Zurück gibt. Einigen erscheinen manche Entscheidungen des Papstes wie eine klammheimliche Zurücknahme von Teilen des Konzils.

Dazu gehört die Wiedereinführung der Tridentinischen Messe (ich weiß schon: wie Johannes Paul II. wollte auch Benedikt XVI. die abtrünnigen rückkehrbereiten Lefebvrianer anlocken) sowie in diesem alten Ritus die Neuformulierung der Fürbitte für die Juden in der Karfreitagsliturgie. Benedikt XVI. hatte ja in früheren Aussagen wiederholt sein Unbehagen mit der im Auftrag des Konzils erneuerten Liturgie öffentlich gemacht. Traditionalistische Kreise zitieren ihn deshalb auch oft und gern, wenn es um die Kritik an der liturgischen Praxis der nachkonziliaren Weltkirche geht.

Beobachter dieses noch jungen Pontifikats eines bei seiner Wahl schon alten Papstes vermerken zudem, dass bislang einige seiner wichtigen Personalentscheidungen nicht optimal waren. Kardinal Tarcisio Bertone, Nachfolger von Kardinal Angelo Sodano im vatikanischen »Außenministerium«, mag zwar, so sagen manche, ein guter Radiokommentator gewesen sein, wenn der Sportclub von Genua gegen eine andere Mannschaft spielte. Aber für das Staatssekretariat sei er keine gute Wahl. Dass der Befürworter des reaktionären katholischen Senders Radio Mariya, Slawomir Leszek Glodz, just in Gzansk (Danzig), also in der Stadt der Gewerkschaftsbewegung Solidarnosc, Bischof wurde, verstehen selbst viele fromme Polen nicht; sogar die polnische Bischofskonferenz musste die Gläubigen (unter ihnen der Gewerkschaftsführer Lech Walesa) um einen freundlichen Empfang ersuchen. Aber auch einzelne deutsche Bischofsernennungen gelten selbst bei vorsichtigen Kritikern zumindest als umstritten. Von einer »Austrifizierung« Bayerns ist bereits die Rede. Die Bayerische Bischofskonferenz sei nicht mehr wiederzuerkennen, klagen bayerische Altbischöfe.

Pastorale Wunden

Zu einigen schmerzlichen pastoralen Fragen schließlich herrscht Stille. Das trifft besonders auf die Frage des Priestermangels in weiten Bereichen der Welt zu. Dieser bedrängt nicht nur die Kirche in Westeuropa, sondern noch mehr jene in Lateinamerika, wo jährlich rund eine Million Katholiken zu den durch Ordinierte gut geleiteten Gemeinschaften der Pfingstbewegung konvertieren. Diese Untätigkeit in Sachen Priestermangel überrascht insofern, als zugleich betont wird, dass die Eucharistie die Mitte kirchlichen Lebens sei und es für deren Feier einen geweihten Priester brauche.

Auch in Sachen des Zugangs zu den Sakramenten von Geschiedenen, die gegen den erklärten Willen der Kirche um ihrer selbst und um ihrer Kinder willen wieder heiraten, ist keine Bewegung zu erkennen.

Als noch schmerzlicher wird von kritischen Kirchenmitgliedern beobachtet, dass die Beziehung dieses Pontifikats zu den Kirchen der Reformation nicht entspannt ist. Von einer entschlossenen Annäherung mit dem Ziel einer baldigen Aussöhnung kann nicht die Rede sein. Manche halten nicht zuletzt die Aussage des Vatikans, dass die »Kirchen« der Reformation gar keine eigentlichen Kirchen sind, für entbehrlich: Innerkirchlich gab es keinen Klärungsbedarf und Protestanten ihrerseits sind auf diese Interpretation vonseiten der katholischen Kirche nicht angewiesen, wie viele pikierte Reaktionen aus dem Protestantismus betonen. Das Klima zwischen Katholiken und Protestanten war schon einmal freundlicher. Es ist manchen verärgerten Protestanten nicht zu verargen, dass sie nach einer versöhnungsbereiten »Konsensökumene« nun wieder auf eine skeptische »Differenzökumene« setzen, die in einzelnen Fragen (wie in der sensiblen Stammzellenethik) leicht zu einer unversöhnlichen »Konfliktökumene« zu werden droht.

Die Lage der katholischen Kirche wird somit im Kirchenvolk selbst als tief widersprüchlich wahrgenommen. Einerseits gibt es eine neue Freude darüber, dass einer aus unserem deutschsprachigen Kulturkreis Papst ist, dem man mit großem Gewinn zuhören kann. Was er sagt, ist einsichtig und kann intellektuell genossen werden. Er ist ein herausragender Verkündiger der Botschaft des Evangeliums auf der Weltbühne. Seine Reden brauchen keine vereinfachenden Auslegungen durch KommentatorInnen für das Kirchenvolk und darüber hinaus für jene, die neugierig zuhören. Seine Botschaften finden von selbst das Herz der Zuhörenden. Sie zielen auf die Mitte des Glaubens, auf das »Essenzielle«, wie Fachleute zu sagen pflegen. Und diese Mitte ist nicht nur schön, sie ist manchmal auch verstörend, wenn unser Herz durch Interessen und Macht getrübt ist, sie ist vor allem aber attraktiv für alle Menschen guten Willens.

Und doch bleibt bei all dieser Zufriedenheit mit der kirchlichen Entwicklung ein gemischtes Grundgefühl. Beobachter sehen nur allzu deutlich, dass in Europa die (katholische: aber nicht nur diese) Kirche in einer Übergangskrise steckt: Sie sucht den Weg aus der komfortablen Konstantinischen Zeit in die moderne Weltkultur. Diese Weltkultur ist gekennzeichnet durch schnelle und weithin unkontrollierbare Medien, von einer doppelgesichtigen Globalisierung, einem entsolidarisierenden Individualismus und einer noch nie da gewesenen weltanschaulichen Vielfalt im unmittelbaren Lebensnahraum. Dabei ist nicht die Kirche an sich in einer Krise, sehr wohl aber ihre Gestalt. Sie steckt in einer Übergangskrise.

Eben hier sitzt das Unbehagen vieler. Denn es ist kaum erkennbar, dass sich unsere Kirche und auch nicht ihre Spitze mit dieser Umbaukrise phantasievoll und zukunftsweisend auseinandersetzen. Vielmehr wird auf das Bekannte und Vertraute gesetzt. Und dies auf allen Ebenen. Manche Pfarrgemeinden halten sich auch im Katholizismus (im protestantischen Modus) oftmals für völlig autonom. Sie pflegen, was Ferdinand Klostermann einen »finsteren Parochialismus« geißelte und was die Italiener viel liebevoller »Campanilismo« (Kirchturmdenken) nennen.

Geht das Geld aus, heißt die von McKinsey verordnete Reformstrategie »downsizing«, ökonomisch gekonntes Herunterfahren des herkömmlichen Kirchenbetriebs. Kann eine bankrotte Erzdiözese (wie Berlin) nicht mehr alle bislang angestellten Priester bezahlen, dann werden eben Ordenspriester, vereinzelt aber auch Weltpriester »outgesourct« und wieder ins Budget ihres (oftmals längst finanzschwachen) Ordens oder in jenes einer noch zahlungsfähigen Diözese verlagert. Über die Alternative, dass einige Priester ihr Amt auch ehrenamtlich (also ohne kirchliches Gehalt) ausüben könnten, indem sie ihr Brot zum Überleben in einem profanen Beruf verdienen, wurde nicht nachgedacht.

Die strukturreformleitende Schlüsselfrage ist auch nicht, wie in gläubigen Gemeinschaften wenigstens die sonntägliche Eucharistie gesichert werden kann. Vielmehr geht es praktisch darum, dass wenigstens jeder Seelsorgsraum einen leitenden Priester hat. Eine Art struktureller Reklerikalisierung stellt sich ein und wirft die Kirche raumplanerisch vor das Zweite Vatikanische Konzil zurück. Dann heißt es plötzlich in bischöflichen Äußerungen, dass eine Pfarrei nur dort sei, wo auch ein Pfarrer ist (und ein solcher Bischof kann sich dabei tragischerweise sogar auf das Kirchenrecht stützen). Dass es eine gläubige Gemeinde gibt, die von sich aus ein christliches Recht auf Eucharistie und damit einen Pfarrer hat, wird angesichts eines theologiearmen Pragmatismus nicht erwogen.

Ebenso wenig wird unabhängig vom Priestermangel gefragt, welcher pastorale Vorgang heute nach welchem pastoralen Raum verlangt, um optimal gestaltet zu werden. Ein solches Fragen würde selbst dann, wenn es genug Priester gäbe, dazu führen, dass es kleinräumige (lokale) und größerräumige (regionale) pastorale Vorgänge geben muss, will die Kirche lebensraumgerecht existieren und arbeiten.

Schon gar nicht wird in jenen reichen Kirchengebieten das Tabuthema Kirchensteuer/Kirchenbeitrag angerührt. Zwar sieht man neidvoll auf die Freikirchen, die viele hoch Engagierte haben, ohne sich dabei auf eine Kirchensteuer oder einen Kirchenbeitrag zu stützen, wie die Kirchen in Österreich, in Deutschland oder in der Schweiz. Aber könnte ein Teil der überdurchschnittlichen Lebendigkeit der Freikirchen nicht auch damit zusammenhängen, dass deren Gemeinden Leute und Geld nur gewinnen, wenn sie sich intensiv um die Menschen, ihre Trauer und Freude, Hoffnung und Angst kümmern? Und könnte nicht einer der Gründe für die pastorale Lahmheit mancher Gemeinden von da her kommen, dass bislang wenigstens Geld auch ohne gediegene pastorale Leistung vorhanden war?

Das sind nur erste Beispiele für das Fehlen eines mutigen Strukturwandels. Weitere könnten hinzugefügt werden. So fragt man sich schon angesichts der enormen Herausforderungen an das friedliche und menschenwürdige Überleben der Menschheit, wie sich die christlichen Kirchen den Luxus ererbter Spaltung leisten können – und dies entgegen dem ausdrücklichen Gebet Jesu, dessen Wirkungslosigkeit seine eigenen Kirchen selbst seit Jahrhunderten bewirken. Mehr noch: Statt die ererbten ungelösten Konflikte (Amt, Taufe, Eucharistie) endlich zu bearbeiten und einer Lösung zuzuführen, werden neue hinzugefügt – und dies nicht zuletzt in den hochsensiblen höchst aktuellen Fragen der medizinischen Ethik (etwa dem verbrauchenden Forschen an tiefgekühlten Embryonen).

Kurzum, dieses Pontifikat glänzt in der Verkündigung der Botschaft, stagniert aber hinsichtlich der Strukturentwicklung. Könnte es sein, dass die sanfte Essenzialisierung der Botschaft am Ende von der Erneuerung und Weiterentwicklung der Strukturen ablenkt? Gewollt oder zumindest faktisch? Könnte dies auch damit zu tun haben, dass Benedikt XVI. ein erklärter Platoniker ist? Ihm liegt das Schöne und Geistreiche näher als das Handfeste und Allzumenschliche, zu dem auch Strukturen und Personalpolitik gehören. Sollte man ihm also als kirchenleitendem Papst nicht mehr Sinn für Aristoteles wünschen: für das Realistische, das Pragmatische, die pastoralen Handlungsweisen, den pastoralen Alltag und die Strukturen?

Wer von der notwendigen Erneuerung der Strukturen nicht abhängig ist, wird diesen Papst uneingeschränkt genießen können. Aber die überlasteten und überalterten Priester, die vielen im Stich gelassenen Ehrenamtlichen in den Gemeinden ohne Priester in pastoralen Megaräumen, die vielen durchaus gläubigen Katholikinnen und Katholiken, die das Zerbrechen ihrer Ehe trotz großer Anstrengungen nicht verhindern konnten und sich unter den vereinsamenden modernen Bedingungen ein Alleinleben nach der Scheidung nicht zutrauen: All diese würden sich eine Kirche und mit ihr einen Papst wünschen, der in diesen für ihn vielleicht nur zweitrangigen Fragen der Strukturen und der pastoralen Praxis mutiger und weitherziger ist.

Diese Betroffenen sind es also vor allem, die in der katholischen Kirche Stagnation orten. Sie merken, dass kein Aufbruch droht (um Günther Anders zu zitieren, der dem ORF 1955 nachsagte, dass in ihm keine Bildung drohe). Sie wünschten sich ein neues Pfingsten, eine mutigere Kirche, die beides wagt, sowohl eine zeitgerechte Verkündigung als auch den erforderlichen Kirchenumbau: das, was Karl Rahner 1972 als Aufgabe und Chance bezeichnet hatte.

Variationen

Anzeichen einer Geistauslöschung, wie sie Karl Rahner befürchtet hatte, gibt es heute viele. Gottes Geist hat es oft schwer: sowohl in der Welt als auch – Gott sei's geklagt – oftmals in der Kirche. Dabei ist es gar nicht die Berufung der Kirche, die Geistlosigkeit der Welt auf ihrem Boden zu verdoppeln. Auch wenn Gottes Geist weht, wo er will – die Kirchen könnten eine privilegierte Eintrittspforte des Gottesgeistes in die Welt von heute sein. Denn die heutige Welt hat in einer Zeit der Geistauslöschung Gottesgeist mehr als nötig.

Plakativ und fast unerlaubt vereinfachend greife ich drei Symptome heraus. Diese haben die Menschheit und mit ihr die Jüngerinnen und Jünger Jesu Christi seit ihrer Anfangszeit gefährdet. Stichworte zeitgenössischer Geistlosigkeit sind: horizontlos – visionslos – mutlos. Geheilt werden könnte solche Geistarmut durch die Ausweitung des Horizonts, durch die Kraft bewegender Visionen sowie durch eine Ermutigung, die zu konkretem Handeln fähig macht.

Horizont, Vision und Mut sind Erkennungsmerkmale einer wahrhaft vom Geist gestärkten »katholischen« Kirche in der eins werdenden Welt von heute. Wo der Kirche diese Merkmale, diese modernen »notae ecclesiae vere catholicae« geschenkt sind, ist sie selbst in lebendiger Bewegung und stimuliert auch die eine Welt dazu. Es wäre eine Kirche des geistgewirkten Aufbruchs.

Im Folgenden versuche ich eine fachlich gut begründete und doch einfache Meditation dieser drei Merkmale einer geistgeführten Kirche.

Horizont

Die Welt von heute wächst unaufhaltsam zusammen. Europa eint sich, ohne sich der übrigen Welt allzu sehr zu verschließen. Eine zusammenwachsende Welt braucht »Weltbürger«, die Gottes eine Welt im Blick haben. Ihre innerste Überzeugung ist: *Weil nur ein Gott ist, ist jede eine, ist jeder einer von uns.* Selbst mit der Natur wissen sich solche ökologisch sensiblen Weltbürger und -bürgerinnen tief verwoben.

In solcher Zeit sind dumpfer Nationalismus sowie eingeigelter Eurozentrismus geistlos. Das gilt auch für jenes engstirnige Kulturchristentum, das neuestens in vielen Teilen Europas auftaucht. Diesen vermeintlichen Christen geht es nicht um das Feuer des Geistes und die Weite des Glaubens an den einen Gott der einen Welt. Nein: Das Christentum muss jetzt herhalten als Instrument der Ab- und Ausgrenzung, insbesondere gegenüber dem Islam.

Solche provinziellen Abgrenzer müssen vergessen, dass in der christlichen Theologie ein Thomas von Aquin seine grandiose mittelalterliche Theologie nur entwickeln konnte, weil er über die Muslime Südspaniens Zugang zu Aristoteles erhalten hatte. Auch Kenntnisse in der Medizin, in der Mathematik (wir nennen unsere Ziffern immer noch arabisch), der Architektur (die Wiener Karlskirche ist mit ihrem Kuppelbau und den beiden Türmen einer Moschee nachgebaut), der Sternenkunde verdankt Europa islamischen Gelehrten.

Heute aber wollen wir von muslimischen Migranten lediglich die Arbeitskraft. Dass solche Arbeitskräfte Familien mit vielen Kindern mitbringen, nehmen wir nur widerwillig in Kauf. Und dies, obgleich sie unsere eigenen fehlenden Kinder ersetzen, die Wirtschaft in Gang halten und den Sozialstaat sichern. Dass es sich aber dazu noch um Menschen handelt, die einen starken Glauben haben, stört und verstört uns.

Aber sind nicht wir selbst das Problem? Da trifft in Europa ein vormoderner, glaubensstarker und kinderreicher Islam auf ein postmodernes, glaubensschwaches und kinderarmes Christentum. Wir sollten unseren eigenen christlichen Glauben stärken, statt mit bischöflichem Segen den Bau von Minaretten zu verbieten.

Wenn die gläubige Grundregel lautet: *Weil nur ein Gott ist, ist jede eine, ist jeder einer von uns* – dann gilt das für den Buddhisten ebenso wie für die Muslima, für den Atheisten wie für den evangelischen oder orthodoxen Christen und die Jüdin.

Mit der Vielfalt leben lernen

Wenn wir die Courage haben, uns in einer solchen Situation von Gottes Geist leiten zu lassen, dann werden wir vom ersten Pfingstfest lernen, in vielen fremden Sprachen zu reden.

Da ist zunächst die Zumutung von Vielfalt. Nicht nur in der weiten Welt gibt es viele Kulturen. Durch Medien, Reisen und Migration ist die Vielfalt in unsere Erfahrungswelt eingedrungen, ja vor unsere Haustür gelangt. Keine Wiener Volksschulklasse besteht mehr ausschließlich aus österreichischen Kindern. Vielmehr begegnen von Kindesbeinen an österreichische Kinder solchen aus anderen Ländern, Kulturen und Religionen.

Aber selbst in der einheimischen Bevölkerung gibt es heute Menschen, die zu ganz verschiedenen Milieus gehören. Die Sinus-Milieustudie etwa kennt eine bürgerliche Mitte, diesen verwandt die Etablierten und die Postmateriellen, mehr vergangenheitsorientiert sind die Traditionsverwurzelten und die Konservativen, einen Hauch von Morgen hingegen leben moderne Performer, Experimentalisten. Schließlich finden sich Hedonisten und Konsum-Materialisten.[18] Angehörige solcher Milieus verstehen jene aus anderen kaum. Die Sprache, die Lebensstile, die Träume sind verschieden. Die Kirche, wie sie leibt und lebt, tut sich mit den Bürgerlichen und den Traditionellen leichter als mit den Zukunftsoffenen. Sie könnte gut jenen Heiligen Geist brauchen, der die Jünger beim ersten Pfingsten befähigte, die Sprache der ihnen fremden Kulturen und Milieus zu verstehen und zu sprechen. Oft reden wir in unserer Kirchenmuttersprache und wundern uns, dass die anderen uns nicht verstehen.

Vielfalt gibt es aber auch in weltanschaulicher Hinsicht:

- Jede moderne Kultur kennt in Europa ein atheisierendes Feld. Dort treffen wir einerseits auf bekennende Atheisten. Andererseits gibt es viele, die faktisch ohne Gott ganz gut leben, lieben und arbeiten und darin ausreichend Sinn finden. Studien nennen diese Menschen unbekümmerte Alltagspragmatiker. Fast die Hälfte moderner Bevölkerungen lebt so.
- Gleichsam den Gegenpol zum atheisierenden Feld bildet in Europa das christlich-kirchliche Feld. Diesem sind jene Angehörigen der verschiedenen christlichen Kirchen zuzuordnen, die sich im gut eingerichteten Glaubenspalais ihrer Kirche wohlfühlen und dort für ihr Leben viele »Gratifikationen«, Segnungen, Wohltaten erhalten: die Verheißung, dass der Tod nicht das letzte Wort hat, sondern die Liebe; Rituale, die Gottes Nähe

18 Religiöse und kirchliche Orientierungen in den Sinus-Milieus 2005. Milieuhandbuch, München 2005.

und heilendes Handeln sinnenhaft erfahren lassen; Lebenssinn und Weltdeutung; Weisheiten und ethische Weisungen; verlässliche Gemeinschaft und Trost. Sie schätzen es, dass das, was sie glauben, auch modernem Denken und skeptischer Vernunft standhält. Diese starken Gratifikationen binden sie, obgleich es durchaus auch beträchtliche Irritationen zu erleiden gilt – bei der Behandlung von Frauen, von Geschiedenen, die sich für eine Wiederheirat entscheiden, hinsichtlich des Mangels an Priestern, in der Unbeholfenheit gegenüber moderner Sexualkultur.

- Daneben findet sich heute ein zunehmend größer werdendes Feld von Menschen, die anderen Religionen angehören: dem Islam, dem Buddhismus, dem Hinduismus, dem Judentum.
- Schließlich gibt es ein anwachsendes spirituelles Feld. Dorthin zieht es einerseits Menschen, die über längere Zeit im spirituell erschöpften atheisierenden Feld gelebt haben, denen aber der Versuch, optimal leidfreies Glück in 90 Jahren zu erzwingen, zunehmend flach und banal vorkommt. Diese Lebensart eines »Lebens als letzter Gelegenheit« (Marianne Gronemeyer), auch als »Vertröstung auf das Diesseits« beschrieben, wird zunehmend als schnell, überfordernd, besetzt von der Angst, zu kurz zu kommen, und entsolidarisierend erlebt und erlitten. Vor allem wenn sich unbehebbares Leid einstellt, stößt dieser Lebensstil an seine empfindlichen Grenzen. Auf dem spirituellen Feld finden sich allerdings zunehmend auch Menschen, die von der spirituellen Erschöpfung ihrer Kirche enttäuscht sind und sich auf dem freien spirituellen Markt auf die Suche machen. Diese spirituellen Pilger sind weit ernsthafter, als manche Vertreter der Kirchen (auch auf theologischen Lehrstühlen)

argwöhnen. Sie flüchten nicht, wie zu viele Zeitgenossinnen und Zeitgenossen, aus der Banalität des Alltags in das gespielte Leben der Medien, ins Internet, in Drogen, Alkohol, psychosomatische Krankheiten. Sie suchen also nicht das Weite, sondern die Weite. Nach Aufbruch ist ihnen, nicht nach Abbruch.

Toleranz und Dialog

In einer solchen Vielfalt der »Sprachen«, der Kulturen und Religionen finden sich geistbeschenkte Menschen eher zurecht als geistarme. Denn Gottes Geist ist ein Geist der Stärke. Solche Kraft brauchen Menschen, wenn sie die Begegnung mit fremden Kulturen und Religionen nicht als Bedrohung, sondern als Bereicherung erleben möchten. Auf dem Boden von Persönlichkeitsstärke wächst, so die Weisheit moderner Psychologie, »Pluralitätstoleranz«. Vielfalt und Ertragen kommen in Verbindung.

Das lateinische Wort »tolerare« steht nicht für Beliebigkeit (wie manche, die Toleranz ablehnen, befürchten). Toleranz setzt vielmehr voraus, dass ich mir meiner gewiss bin: dass ich zum Beispiel als Christ in der Begegnung mit anderen Religionen in meinem Glauben an den Gekreuzigten und Auferstandenen feststehe.

Das gilt im Übrigen auch für das Verhältnis der Geschlechter. Wer sich seines eigenen Geschlechts nicht erfreut, erklärt das andere Geschlecht leicht zum Feind. Frauenhass und Fremdenhass haben eine gemeinsame Wurzel: den Selbsthass, der aus Selbstunsicherheit erwächst.

Die heute in Europa unter Christen verbreitete Aversion dem Islam gegenüber wurzelt also nicht nur (und das ja auch mit Recht) in dessen fundamentalistischem Missbrauch durch den internationalen Terror, sondern auch in den Selbstzweifeln der Christen. Nicht nur Teile des Islam verursachen das Problem: Wir selbst sind ein Teil des Problems.

Wer sich seiner nicht sicher ist, wird den anderen, den Fremden oder das Fremde, leicht als bedrohlich erleben und erleiden. Findet er dann nicht zu einem gewissen Maß an Selbstgewissheit, wird er dazu neigen, statt das Fremde zu »tragen« (tolerare) dieses aus seinem Lebensumfeld zu vertreiben, zu beseitigen. Es gibt genug historische und zeitgenössische Beispiele, dass Machthaber Andersdenkende nicht nur vertreiben, sondern auch physisch vernichten.

Toleranz hingegen eröffnet die Chance zum einfühlsamen und schöpferischen Dialog. Auch dieser ist nicht die Preisgabe der eigenen Position zugunsten der anderen. Es ist vielmehr die Begegnung von Menschen und Gruppen, die sich ihrer selbst gewiss sind. Dann kann geklärt werden, was gemeinsam ist und was voneinander unterscheidet. Das Gemeinsame kann in gemeinsamen Projekten münden. Das Unterscheidende kann »ertragen« werden. Vielleicht enthält das Unterscheidende auch die Chance, vom anderen zu lernen bzw. die eigenen Weisheiten im Licht der anderen Weisheit zu vertiefen. Manchmal gewinnen in einem solchen lernbereiten Dialog am Ende beide neue Einsicht und Weisheit. Es ist bei solchem lernbereiten Dialog wie bei der Wiener Küche.[19] Sie ist nicht aus dem abgrenzenden Festhalten am Eigenen entstanden. Vielmehr wurden die kulinarischen Erfahrungen anderer Küchen integriert und zu einer neuen Qualität weiterentwickelt: eben zur typischen Wiener Kochkunst.

Die moderne Welt braucht das gemeinsame Handeln aller Menschen mit ihren unterschiedlichen Kulturen und

19 Dabei ist schon klar, dass Glauben und Kochen nicht so einfach zu vergleichen sind.

noch mehr mit ihren unterschiedlichen Weltanschauungen. Der »clash« zwischen einem fundamentalistisch ausgelegten Christentum und einem ebenso fundamentalistisch reagierenden Atheismus in Amerika[20] ist kein guter Dienst an der Zukunft der Menschheit. Erfreulicherweise ist das Klima in Europa für einen Dialog zwischen Christen und einem humanistischen Atheismus deutlich besser[21], könnte aber von beiden Seiten her durchaus ausgebaut werden. Die Tradition, die Johannes XXIII. mit der Einrichtung des Sekretariats für Nichtglaubende (unter der langjährigen Leitung von Kardinal Franz König) eingerichtet hat, könnte intensiver aufgegriffen werden.[22]

Auch der Begegnung zwischen Christen und Muslimen ist große Bedeutung beizumessen. Und dies auf allen Ebenen. Gelingt dieser Dialog auf Weltebene nicht, droht der von Samuel Huntington befürchtete »clash of civilizations«, der Zusammenprall der Kulturen.

Benedikt XVI. hatte mit seiner Rede in Regensburg dazu insofern einen bedeutenden Beitrag leisten wollen, als er Gott und damit die Religion als vernünftig und folglich als gewaltunverträglich darstellte. Ebenso wichtig wie der globale Dialog zwischen Christen und Muslimen ist der lokale Dialog. Wenn sich neben einer christlichen Gemeinde eine Moschee befindet, sollte es zum normalen Alltag gehören, dass man einander besucht, einander zu den großen

20 Dawkins, Richard: The God Delusion (Der Gotteswahn), London 2006. – Hitchen, Christopher: Der Herr ist kein Hirte. Wie Religion die Welt vergiftet, München ³2007.

21 Als Beispiel sei erwähnt: Grosser, Alfred: Die Früchte ihres Baumes. Ein atheistischer Blick auf die Christen, aus dem Französischen übersetzt von Paul Endres, Göttingen 2005.

22 Der große europäische Theologe Eugen Biser setzt sich im Geist von Kardinal Franz König für ein solches Dialoginstitut intensiv ein. Biser, Eugen: Theologie als Therapie: zur Wiedergewinnung einer verlorenen Dimension, Heidelberg 1985.

Festen und religiösen Bräuchen einlädt, miteinander betet, gemeinsame soziale Projekte betreibt. Muslime nehmen Weihnachten und Ostern wahr, Christen den Ramadan. Christen könnten dann von den Muslimen lernen, was Glaubenskraft ist; Muslime wieder von Christen, wie es auch in einer Kultur agnostischer Skepsis möglich ist, ein gläubiger Mensch zu sein. Auf solch einer Basis breiter Gemeinsamkeit können dann auch die Unterschiede leichter besprochen und angenommen werden: etwa die Rolle Jesu oder, was noch viel gravierender ist, die christliche Lehre vom dreieinen Gott. Miteinander könnten zudem die dunklen Seiten der Religionsgeschichte aufgearbeitet werden. Keine Religionsgemeinschaft wird der anderen Gewaltbereitschaft vorwerfen. Vielmehr wird jede Religion (wie im Übrigen auch der Atheismus) der Gewaltneigung im eigenen Glaubenshaus nachspüren und sie abzubauen suchen. Die Gräueltaten atheistischer Systeme, im Namen unkontrollierbarer Macht begangen, stehen jenen nicht nach, die von Christen oder Muslimen im Lauf der Geschichte im Namen Gottes vollbracht worden sind.

Es gibt also eine Gemeinsamkeit in der Schuld, aber auch eine in der Weisheit, in der Glaubenskraft wie in humanen Leistungen. Denn bei aller Verschiedenheit gibt es so etwas wie eine universelle Weisheit in allen Religionen der einen Welt: das Erahnen einer göttlichen Wirklichkeit; die Hoffnung, dass der Tod nicht das letzte Wort hat, sondern die Liebe; die Chance für jede und jeden, als Liebender Mensch ein Juwel der Schöpfung zu werden, wie es ein asiatisches Mantra formuliert: Om mani padme hum – lass mich ein Juwel Deiner Schöpfung sein.

Johannes Paul II. hat damit begonnen, die Führer der Weltreligionen zu gemeinsamen Friedensgebeten einzuladen. Leider wurde diese goldrichtige Initiative von manchen

Katholiken und Katholikinnen nicht gutgeheißen. Es gibt auch Initiativen für mehr Gerechtigkeit in der Welt, ohne die es keinen dauerhaften Frieden geben wird. Um ein Weltethos wird gerungen, wobei die Wege dahin unterschiedlich sind – über den kleinsten ethischen gemeinsamen Nenner der Weltreligionen oder über die Autorität der Leidenden: Ethik wäre dann »leidpräventiv« und könnte bewirken, dass sich Auschwitz nie mehr wiederholt. Ein stärkeres Zusammenrücken aller Weltanschauungen in ökologischen Bedrängnissen wäre mehr als wünschenswert.

Gerne erinnere ich mich daran, dass mir der alte und weise Kardinal Franz König wiederholt sagte: *»Vergessen Sie in Ihrer Pastoraltheologie nicht den Dialog zwischen den Religionen und dem Christentum.«*

Dass wir zu solcher »katholischer« Weite ermächtigt sind, hat tiefe theologische Wurzeln. Diese haben in der christlichen Theologie mit dem uns anvertrauten Wissen um das Ende sowie den Anfang der Zeiten zu tun. Protologie und Eschatologie, so die Fachbegriffe, die Lehre vom Beginn und von der Vollendung der Welt und ihrer Geschichte greifen ineinander.

Schöpfung »ex amore«

Entsprungen ist, so glauben die christlichen Kirchen, die Welt und in ihr die Menschen aus einem Gott, der in sich überreiche (»dreifaltige«) Liebe ist. Die Liebe des Urgrunds in Gott (»Vater« meint hier nicht Mann, sondern Urgrund) drängt danach, den »Sohn zu gebären« und den Heiligen Geist »auszublühen«, wie es phantasievoll der bildreiche Mystiker Meister Eckhart formuliert. Aber Gott drängt es in seiner »gebärenden Liebe« weiter. Indem er sich verströmt, »bringt er« als Empfänger seiner Liebe die Welt und in ihr die Menschen hervor.[23] Sie sind so geschaffen, dass sie Gottes Liebe aufnehmen können. Mit jüdischer Theologie bildlich gesagt: Gottes »Sehnsucht« nach der Schöpfung spiegelt sich in der »Sehnsucht der Schöpfung« nach Gott wider. *»Denn wir wissen, dass die gesamte Schöpfung bis zum heutigen Tag seufzt und in Geburtswehen liegt.« (Röm 8,22)*

23 Solch unbekümmertes Reden im Sprachspiel des Glaubens ist kein unüberbrückbarer Widerspruch zu den Bemühungen der Naturwissenschaften, die Evolution der Welt in ihrem eigenen Sprachspiel zu erforschen und sinnvoll zu deuten. Schöpfung und Zufall verlieren dann ihre sprachspielerische Widersprüchlichkeit. Die unterschiedlichen Sprachspiele reichern Einsicht wie lebenspraktische Weisheit an.

Dass am Ende Gott alles in allem sei, darauf läuft die »ex amore« (Dorothe Sölle), also aus Liebe geschaffene Welt zu. Noch mehr: Die innerste Mitte des stets österlichen Glaubens der Christen besteht darin, dass Gott mit diesem Finale der Geschichte schon angefangen hat. In einem von uns: Jesus aus Nazareth. In seinem Tod und seiner Auferstehung ragt der ewige Himmel in die vergängliche Zeit herein. In ihm ist, so Jesus selbst in seiner Verkündigung, das »Reich Gottes« angebrochen – also die Hineinverwandlung der Welt in ihre bleibende Gestalt. Am Fest seiner Himmelfahrt feiert die Kirche den Beginn der Vollendung der Schöpfung und in ihr der Menschheit in Gott. Wir sind an das Ende der Zeiterfüllung (1 Kor 11,10; GS 48) gekommen, davon ist Paulus überzeugt.

Der kosmische Christus

Uns Christen ist das gläubige Wissen anvertraut, dass Gott das Heil aller Menschen will: *»Er will, dass alle Menschen gerettet werden und zur Erkenntnis der Wahrheit gelangen« (1 Tim 2,4).* Dieses Heil steht in unlösbarer Verbindung mit dem auferweckten Christus, der die Vollgestalt des Menschen ist. Jeder Mensch reift daher auf diese vollendete Gestalt des Menschen zu. Dies ist die innere Dynamik seiner Lebensgeschichte: zu werden, was er im Grund immer schon ist – ein aus der Kraft der Gotteinung Liebender, eine Liebende.

Aus der Geschichte der christlichen Theologie bietet sich dafür das Bild vom »kosmischen Christus« an. Von Paulus über Hildegard von Bingen[24] hin bis zu Pierre Teilhard de

24 Schipperges, Heinrich: Die Welt der Hildegard von Bingen: Leben, Wirken, Botschaft, Erftstadt 2007. »Hildegards Sicht der Welt und des Menschen ist vom mittelalterlichen Verständnis geprägt. Sie sieht die Welt

Gott erschafft die Vögel und sieht in seinem Geist Adam. Kathedrale von Chartres, Nordportal, 13. Jahrhundert

bzw. den Kosmos als universales Ordnungsgebilde, das aus den vier Elementen Feuer, Wasser, Erde und Luft besteht. Im Zentrum dieses Kosmos steht der Mensch. Da auch er von den vier Elementarkräften gebildet wurde, ist er in seiner Ganzheit (mit Körper, Seele und Geist) mit dem Kosmos verbunden. Der Mensch ist damit von der Natur abhängig, ein Teil von ihr. Im Gegenzug hat der Mensch aber auch eine Ausstrahlung auf den Kosmos, d.h. durch sein Handeln kann er die Welt

Chardin[25] hat es Menschen bewegt. Christus ist für sie das *Omega* (der Vollender, die Vollendung) der Geschichte, wie er auch dessen *Alpha* (Urheber, Ursprung) ist. Gelangt ein einzelner Mensch zu seiner Vollendung, dann erweitert sich gleichsam der auferstandene Christus. Wer mit Christus eins wird, in wem der auferstandene Christus wächst, macht die vollendete Weltgestalt größer: ansatzhaft schon jetzt inmitten dieser Weltzeit. Spurenhaft wenigstens. Der »Leib Christi«, die »Wirklichkeit« des Auferstandenen wächst.

Christen glauben, dass sich solches in jedem Menschen ereignet, wenn und insofern er seine vollendete Gestalt ausreift: für die Atheistin ebenso wie für den Buddhisten, den Hindu wie die Muslima, die spirituell Suchende wie den unbekümmerten Alltagspragmatiker, der sich, solange es gut geht, mit einem diesseitigen Leben vertröstet und mit Lieben und Arbeiten das Auslangen findet. Der kosmische Christus wird am Ende alles in allen sein: die Vollendung jedes einzelnen Menschen sowie der ganzen Schöpfung.

»Mission« jeder christlichen Kirche

Von hier aus erschließt sich auch die Aufgabe, die Israel, dem auserwählten Volk Gottes, und darin gründend den christlichen Kirche in der Heilsgeschichte gestellt war und

---

verändern – im Positiven wie im Negativen. Hildegard sieht die Welt also als ein verflochtenes Gefüge, über dem Gott thront und in dessen Zentrum er den Menschen stellte. In einem nach Hildegards Visionen gezeichneten Bild trägt die Gottheit, die alles Werden und Vergehen überragt, das Weltenrad in ihrer Brust. Der Kosmos, in dessen Mitte der Mensch steht, gleicht einem Organ Gottes. Das All ist sein Leib. Seine Arme umgreifen es schützend.« http://www.bionet.schule.de/health/healmed/bamberg/hvbweltbild.html

25 Teilhard de Chardin: Das göttliche Milieu: ein Entwurf des innern Lebens, Düsseldorf/Zürich 2000.

bleibend aufgetragen ist. Sie halten das Wissen um die endzeitliche Vollendung und den Weg dahin in Erinnerung. Das Wirken der christlichen Kirchen fußt im Wort Jesu: *»Ich bin der Weg und die Wahrheit und das Leben; niemand kommt zum Vater außer durch mich.« (Joh 14,6)* Sie tun dies, indem sie sichtbar für die Welt, also in aller Öffentlichkeit, wie eine Stadt auf dem Berg[26], jetzt schon »wie nach der Auferstehung« leben[27].

Sie erzählen davon anderen, sie feiern, dass die Macht des Todes gebrochen ist, und im Herzen der Welt nicht mehr Tod und Vergeblichkeit, sondern Gott und das Leben sind.

Damit ist für sie der uralte Traum des Orpheusmythos wahr geworden, dass die Liebe stark ist wie der Tod[28], noch mehr: stärker ist als dieser. Gestützt auf das Widerfahrnis der Begegnung mit dem Auferstandenen vermag Paulus daher den Tod regelrecht zu verspotten: *»Verschlungen ist der Tod vom Sieg. Tod, wo ist dein Sieg? Tod, wo ist dein Stachel?« (1 Kor 15,54f)*

Das macht verständlich, dass Jesus seine Jüngergemeinschaft dazu erwählt, Licht der Welt und Salz der Erde zu sein (Mt 5,32). Dies ist, modern ausgedrückt, die »mission« des »Jesusunternehmens Kirche«.

Diesen Auftrag zu erfüllen gelingt den christlichen Kirchen in ihrer konkreten Verfasstheit freilich nur einigermaßen. Bei allem Versagen sind aber die gelungenen Momente unübersehbar und waren im Lauf der christlichen Geschichte für Menschen guten Willens erkennbar und

---

26 Ihr seid das Licht der Welt. Eine Stadt, die auf einem Berg liegt, kann nicht verborgen bleiben. (Mt 5,14)

27 Wir wissen, dass wir aus dem Tod in das Leben hinübergegangen sind, weil wir die Brüder lieben. Wer nicht liebt, bleibt im Tod. (1 Joh 3,14)

28 Leg mich wie ein Siegel auf dein Herz, wie ein Siegel an deinen Arm! Stark wie der Tod ist die Liebe, die Leidenschaft ist hart wie die Unterwelt. Ihre Gluten sind Feuergluten, gewaltige Flammen. (Hld 8,6)

anziehend. Nicht wenige haben ihr Leben riskiert, um zu dieser Aufgabe zu stehen. Andere sind Heilige geworden, von denen nur ganz wenige in den Festkalender ihrer Kirche aufgenommen worden sind. Weit mehr sind namenlose Heilige, deren Fest am ersten November gefeiert werden kann: Menschen wie du und ich.

Den christlichen Kirchen wird es durch solches Wissen um die eine Heilsgeschichte und ihre innere Finalität erleichtert, den Dialog mit allen Menschen und Religionen zu suchen und schöpferisch zu führen. Sie können darauf setzen, dass sich Gott – wenn es an der Zeit ist – im Herzen derer vernehmlich macht, denen sie das Evangelium vorleben und – nach dem Grund ihrer Hoffnung befragt – davon auch erzählen.

Ohne Gewalt

Bei solcher »Evangelisierung« der Welt können die christlichen Kirchen auf jegliche Gewalt verzichten: Was auch das Eingeständnis enthält, dass die Religionen dieser Versuchung im Lauf ihrer Geschichte keineswegs immer widerstanden.

Diese missionarische Freiheitlichkeit fußt auf dem verbürgten Vertrauen, dass Gott selbst als Schöpfer jedes Menschen gleichsam immer »am Ball« bleibt. Seine Wege, auf denen er jemand zur Vollendung führt, sind für uns zumeist unerforschlich – was schließlich auch für unseren eigenen Heilsweg zutrifft. Wahrscheinlich gibt es so viele Heilswege wie es Menschen gibt.

Aber Christen trauen es Gott zu, dass er mit jeder und jedem am Ende der Zeiten zu einem guten Ende gekommen sein wird: zur Vollendung im kosmischen Christus. Diese Vollendung der Welt wird Gottes finale schöpferische Großtat sein. Würde lediglich ausreifen, was in uns

Menschen ist, dann würde dies eher ins (individuelle und kollektive) Unheil der vielen denn in die Vollendung aller führen.

Unvollendete Sinfonien

Mit den Hindus glauben auch Christen, dass ins »ewige Leben« oder ins »Nirwana« nur eingehen kann, wer kein bösartiges Karma, keine Verkrümmung durch Schuld/Sünde mehr in sich trägt, wer ganz und vollendet ist, »schalom« also. Unsere Erfahrung hingegen lehrt uns, dass wir am Ende unseres Lebens alle lediglich »unvollendete Symphonien« sein werden. Nach den Lehren des Hinduismus müssten wir reinkarniert werden, um so lange an unserer Lebenssinfonie zu komponieren, bis diese durch uns selbst vollendet ist.

Christen glauben hingegen – die Katholiken und die Orthodoxen tun sich mit der Benennung dieser gläubigen Hoffnung als »Fegfeuer« leichter als die durch das unselige Ablasswesen und seinen Einsatz zum Fundraising für den Petersdom zu Recht schwer verstörten Protestanten – , dass im Tod ein jeder Mensch in das heilende Feuer der Liebe Gottes fällt und Gott ihn darin »schalom«, heil macht, seine Lebenssinfonie mit dem betroffenen Menschen zusammen (leidvoll) zu Ende komponierend vollendet. Der Apostel Paulus erklärt das so:

»... das Werk eines jeden wird offenbar werden; jener Tag wird es sichtbar machen, weil es im Feuer offenbart wird. Das Feuer wird prüfen, was das Werk eines jeden taugt. Hält das stand, was er aufgebaut hat, so empfängt er Lohn. Brennt es nieder, dann muss er den Verlust tragen. Er selbst aber wird gerettet werden, doch so wie durch Feuer hindurch.« (1 Kor 3,13–15)

Unpfingstliche Enge und Angst

Wie kümmerlich nehmen sich im Licht einer solchen Vision vom Menschen und seiner Geschichte jene aus, deren Welt an den Grenzen von Klagenfurt und Graz, Hütteldorf und Feldkirch, Brühl oder Passau endet, die nicht zum Dialog fähig sind, weder mit den christlichen Schwesternkirchen noch mit den großen Religionen der Welt und schon gar nicht mit einem intelligenten Atheismus, der in seinem Ringen um Gott an den auch in der Theologie unlösbaren[29] Problemen kapituliert, nämlich vor allem vor dem Meer an Leid in der als gut gepriesenen Schöpfung (also der Theodizeefrage).[30] In solcher Enge blüht die Angst. Geistlose Enge ist ein tragischer Beitrag zu jener zukunftslosen »culture of fear«, die für den amerikanischen Forscher Frank Furedi[31] ein typisches Merkmal unserer Zeit ist. Was für ein Segen für die eine Welt wäre es, würde der pfingstliche Gottesgeist solch zukunftslose Ängstlichkeit an der Seelenwurzel der Menschen heilen.

Pfingsten wäre dann das Fest einer letzten tiefen Einheit der Menschheit, das Fest der Würde und Größe jedes Menschen, von Gerechtigkeit und Frieden.

---

29 Wiederholt hat Karl Rahner in Vorträgen am Ende seines Lebens darauf hingewiesen, dass er – weil es theologisch keine redliche Antwort auf die Frage nach dem Leid gibt – bei Gott angekommen ihn danach fragen werde. Rahner, Karl: Warum läßt Gott uns leiden, in: Schriften zur Theologie Bd. 14, Zürich 1980, 450–466.

30 Dazu kommt, wie das Zweite Vatikanische Konzil in der Pastoralkonstitution *Kirche in der Welt von heute* selbstkritisch beklagt, das Versagen der Christen in der Rede über Gott (GS 19–21). »Die Atheisten«, so Karl Rahner sinngemäß, »leugnen oft einen Gott, den es Gott sei Dank gar nicht gibt.«

31 Furedi, Frank: Culture of fear: risk-taking and the morality of low expectation, London/Washington 1997.

Mut

Wenn es heute eine Kraft gibt, welche die Menschen klein macht, dann ist es die Mutlosigkeit. Längst kämpfen die wachen Zeitgenossen nicht mehr wie einst in den »Achtundsechzigern« gegen Repressionen allmächtiger Institutionen, sondern leiden – von Institutionen inmitten neuer Unübersichtlichkeit alleingelassen – unter Depression. Im Gestrüpp solcher Depressionen erstickt aber die Phantasie, mauern sich Menschen in den bestehenden Verhältnissen ein, haben nur noch Besitzstandswahrung im Sinn. Aufbruch droht keiner, weder in der Welt noch in der Kirche. Die Türen werden aus Angst verschlossen: vor der Zukunft und damit vor Gott, der auf uns von der Zukunft her zukommt.

Bürgermut für mehr Gerechtigkeit

Angst und Mutlosigkeit sind Symptome der Geistauslöschung. Gottes Geist aber macht wagemutig und kampfstark. Kontemplation und Kampf sind miteinander verwachsen, so der große Gründer von Taizé, Roger Schutz. Geistvolle Menschen kämpfen bürgermutig um eine gerechtere Welt und lassen sich nicht schon dadurch von ihrem Einsatz abbringen, dass sich nachhaltige Erfolge nur langsam einstellen. Sie halten Mystik und Politik zusammen, Gottes- und Nächstenliebe. Spiritualität und Solidarität verbünden sich. Als praktische Regel gilt: Wer in Gott eintaucht, taucht neben den Armen auf. Und umgekehrt.[32]

32 »Eine Kirche, die um sich selbst kreist und dabei Gott vergisst, wird leidunempfindlich. Wer hingegen in Gott eintaucht, taucht neben dem Menschen auf. Dabei kann der Weg auch in der anderen Richtung verlaufen: Wer den Menschen begegnet, findet in diesen auch Gott (vgl. Mt 25).« Passauer Pastoralplan 2000.

Wo Gottes- und Nächstenliebe (auf dem Boden einer gediegenen Selbstliebe) verwoben sind, ist kein Raum für eine vertröstende Wellnessspiritualität. Vielmehr erwächst eine »Spiritualität der Solidarität«. Deren sinnenhafte Erkennungsmerkmale sind (in Anlehnung an Ex 3,7–10) offene Augen, ein wacher Verstand, ein mitfühlendes Herz und starke Hände:

»Der Herr sprach: Ich habe das Elend meines Volkes in Ägypten gesehen und ihre laute Klage über ihre Antreiber habe ich gehört. Ich kenne ihr Leid. Ich bin herabgestiegen, um sie der Hand der Ägypter zu entreißen und aus jenem Land hinaufzuführen in ein schönes, weites Land, in ein Land, in dem Milch und Honig fließen, in das Gebiet der Kanaaniter, Hetiter, Amoriter, Perisiter, Hiwiter und Jebusiter. Jetzt ist die laute Klage der Israeliten zu mir gedrungen und ich habe auch gesehen, wie die Ägypter sie unterdrücken. Und jetzt geh! Ich sende dich zum Pharao. Führe mein Volk, die Israeliten, aus Ägypten heraus!« (Ex 3,7–10)

Spiritualität der offenen Augen

Es ist eine Spiritualität der offenen Augen – sie schaut hin, wo andere wegschauen.

Mit Hans Magnus Enzensberger ist Menschen mit einer solchen Spiritualität klar: *»Selbst in reichen Gesellschaften kann morgen jeder von uns überflüssig werden. Wohin mit ihm?«*[33]

Es droht überflüssig zu werden, wer nicht den Kriterien des gesellschaftlichen Lebens entspricht,

- also in einer Arbeitsgesellschaft keine Erwerbsarbeit hat
- in einer Konsumgesellschaft keine Kaufkraft

33 Enzensberger, Hans Magnus: Die Große Wanderung: 33 Markierungen; mit einer Fußnote »Über einige Besonderheiten bei der Menschenjagd«, Frankfurt ⁴1992.

- in einer Erlebnisgesellschaft sich nicht am Fun und Spaß der Gesellschaft beteiligen kann
- in einer Wissensgesellschaft sein Wissen nicht rasch genug updaten kann und
- in einer Biowissenschaftsgesellschaft die falschen Gene hat.

Es ist nicht schwer, die in solchen tendenziell neodarwinistischen Verhältnissen Gefährdeten zu entdecken. Mithilfe dieser Kriterien lassen sie sich leicht aufspüren. Es sind jene Personengruppen, die in der kommenden Zeit besonders in Gefahr sind, die soziale Aufmerksamkeit, unsere soziale Sorge zu verlieren und in diesem überraschenden Sprachsinn »ent-sorgt« zu werden.

- Dazu zählen die Sterbenden, deren (oft »über-medikalisiertes«[34]) Sterben zu teuer kommt und für die angesichts ihrer »Zählebigkeit« »sozialverträgliches Frühableben« geplant werden könnte.[35]
- Bedroht sind die Menschen mit Behinderung, die vorgeburtlich aufgescreent und beseitigt werden, was nicht nur die werdenden Mütter, sondern auch jene massiv unter Druck bringt, die nachgeburtlich durch Unfall oder Erkrankung behindert werden.
- Schwer haben es jene arbeitswilligen Millionen Frauen und Männer – mehr als zwanzig Millionen allein in Europa – die in immer schwächer finanzierter Langzeitarbeitslosigkeit ruhiggestellt werden.

---

34 Eine Übersetzung des weit stärkeren französischen Wortes »surmedicalisé«. Vgl. CCEE: Umgang des heutigen Menschen mit Geburt und Tod. VII. Symposium der europäischen Bischöfe in Rom, 12.–17. 10. 1989.

35 »Dann müssen die Patienten mit weniger Leistung zufrieden sein, und wir müssen insgesamt überlegen, ob diese Zählebigkeit anhalten kann, oder ob wir das sozialverträgliche Frühableben fördern müssen.« So kritisierte Karsten Vollmar, Chef der Deutschen Bundesärzteschaft, ironisch die Pläne der Bundesregierung zur Gesundheitsreform. »Sozialverträgliches Frühableben« wurde zum Unwort des Jahres 1998.

- Überflüssig werden immer mehr Kinder; sie stören häufig das Leben der Erwachsenen, weil diese kaum noch Lebensenergie frei haben, die sie mit Kindern entspannt teilen könnten. »Wir sterben (genetisch) aus« - eine Aussage, die sich auf die Hochrechnung der derzeitigen Geburtenraten in Europa stützt - eine überraschende Form der Entwicklungszusammenarbeit, weil wir für die Kinder der Armutsregionen der Erde bei uns Platz machen?
- Überflüssig werden können ganze Kontinente, wie das wirtschaftlich vielfach uninteressante Afrika.

Spiritualität des wachen Verstandes

Es ist eine Spiritualität des wachen Verstandes - sie analysiert die Ursachen des Elends und gibt sich mit bloßer Milderung der Symptome, so wichtig diese auch als erste Hilfe immer ist, nicht zufrieden.

Solche Spiritualität kennt nicht nur karitative Hilfsprojekte (die immer notwendig sein werden), sondern ist auch deshalb politisch, weil die wirksamste Form der Nächstenliebe die (armutspräventive) Politik ist (Paul VI.).

Spiritualität des mitfühlenden Herzens

Es ist eine Spiritualität des mitfühlenden Herzens, der *compassion*[36], eine Spiritualität des Erbarmens, das die Grundeigenschaft Gottes ist.[37]

---

36 Hier stütze ich mich auf die wichtigen Arbeiten von Metz, Johann B.: Memoria passionis. Ein provozierendes Gedächtnis in pluralistischer Gesellschaft, Freiburg ²2006, 105ff.

37 Zulehner, Paul M.: Gott ist größer als unser Herz. Für eine Pastoral des Erbarmens, Ostfildern 2006.

Spiritualität der engagierten Hände

Schließlich ist es eine Spiritualität der engagierten Hände, die sich in Projekten und Einrichtungen für die Armgemachten der Welt einsetzt. Wo immer also Menschen sind, die tief in Gott wurzeln und auf diese Weise von Gottes Art werden, können bedrängte Menschen Hoffnung schöpfen. Es sollte also gelten (und es trifft ja auch weithin zu), dass ohne die christlichen Kirchen und ihre diakonalen Initiativen unsere modernen Gesellschaften sozial kühler und ärmer wären.

Christenmut beim Kirchenumbau

Geistvolle Kirchenmitglieder resignieren nicht, sondern zeigen wachen und loyalen Kirchenmut. Dann wären mutige Schritte der römisch-katholischen Kirche nicht nur auf die Orthodoxie, sondern auch auf die Kirchen der Reformation hin möglich. Das Sekretariat für die Nichtglaubenden – unter Kardinal König hatte es seine Blütezeit – würde neu belebt. Es gäbe auch innerkirchlich mutige Reformen: Zumindest könnten neue Möglichkeiten in kontrollierten Experimenten gewagt und auf ihre weltkirchliche Tauglichkeit hin geprüft werden.

Priester anderer Art

Dann könnte die prophetische Aussage von Joseph Ratzinger aus dem Jahre 1970 eine Chance bekommen, in der er über die Kirche im Jahr 2000 sagte:

»Sie wird sich sehr viel stärker gegenüber bisher als Freiwilligkeitsgemeinschaft darstellen, die nur durch Entscheidung zugänglich wird. Sie wird als kleine Gemeinschaft sehr

viel stärker die Initiative ihrer einzelnen Glieder beanspruchen.

Sie wird auch gewiss neue Formen des Amtes kennen und bewährte Christen, die im Beruf stehen, zu Priestern weihen: In vielen kleineren Gemeinden bzw. in zusammengehörigen sozialen Gruppen wird die normale Seelsorge auf diese Weise erfüllt werden.

Daneben wird der hauptamtliche Priester wie bisher unentbehrlich sein. Aber bei allen diesen Veränderungen, die man vermuten kann, wird die Kirche ihr Wesentliches von neuem und mit aller Entschiedenheit in dem finden, was immer ihre Mitte war: Im Glauben an den dreieinigen Gott, an Jesus Christus, den menschgewordenen Sohn Gottes, an den Beistand des Geistes, der bis zum Ende reicht.«[38]

Ein solch geistermutigter Papst würde dann nicht besorgt über den Priestermangel klagen und nicht die wenigen Priester zum Tragen von noch größeren pastoralen Lasten auffordern, sondern alles in seiner Vollmacht Stehende tun, um den Priestern und den vielen Engagierten in der Kirche Lasten abzunehmen. Er würde wagemutig aus der Kraft des Geistes neue Wege eröffnen, die ihm vor 30 Jahren schon einleuchtend waren. Dabei könnte er sich der Unterstützung vieler Ortskirchen (mit ihren Bischöfen und noch mehr ihren Gremien) sicher sein.

Ebenso wagemutig wären aber nicht zuletzt auch die Ortsbischöfe, in deren Diözesen es vorhersehbar in den nächsten Jahrzehnten einen schmerzlichen Priestermangel in gläubigen Gemeinden geben wird. Die Folge wird sein, dass diese Gemeinden immer seltener das feiern, was Quelle und Höhepunkt ihres gläubigen Lebens ist: die Eucharistie.

---

38 Ratzinger, Joseph: Glaube und Zukunft, München 1970, 122.

Ich habe vor geraumer Zeit meinem eigenen Ortsbischof folgendes einseitige Dokument (»Pro Memoria«) gegeben mit der Bitte, den Papst um die Erlaubnis für eine Art Probelauf in drei Gemeinden zu ersuchen. Der Papst könnte einen solchen Versuch ermöglichen, um für eine eventuelle spätere Entscheidung auf dieses weltkirchliche Pilotprojekt zurückgreifen zu können. Dieses »Experiment« sollte auf zehn Jahre angelegt sein:

In einem ersten Jahr sollten in den drei Gemeinden in einer breiten Recherche unter Beteiligung möglichst vieler je drei gemeindeerfahrene Personen ausfindig gemacht werden; sodann sollten diese neun Personen nach einem schon vorliegenden Ausbildungsentwurf[39] drei Jahre lang praxis- und gemeindenah ausgebildet werden. Schließlich sollte deren Arbeit als »gemeindliches Presbyterium« (der emeritierte Bischof Fritz Lobinger von Aliwal in Südafrika nennt diese »Team of Elders«[40]) begleitet und zusammen mit einer Kommission aus dem Vatikan ausgewertet werden.

Hier der Text des »Pro Memoria« für das Gespräch des Kardinals mit dem Papst:

Projekt »Ältestenteam aus und für Gemeinden«

Geeignete Gemeinden

1. Es werden drei Gemeinden ausgewählt, die in vorhersehbarer Zeit keinen Priester mehr bekommen werden (weil keine Person da ist, weil auch das Geld ausgeht). Sie sind aber fest entschlossen, ihre gemeindliche Eigenständigkeit nicht zu verlieren.

---

39 Zulehner, Paul M./Lobinger, Fritz: Um der Menschen und der Gemeinden willen. Plädoyer zur Entlastung von Priestern, Ostfildern 2002, 114–116.

40 Lobinger, Fritz: Team of Elders. Moving beyond ›Viri Probati‹, Quezon City 2008.

2. Diese Gemeinde hat diese Entschiedenheit schon durch die Ausbildung von Diensten und den Aufbau pastoraler Gruppen bewiesen und beweist diese auch aktuell.
3. Die Gemeinde macht einen geistlichen Erneuerungsvorgang durch. Ziel ist es, möglichst viele für eine missionarische Grundhaltung zu gewinnen. Auch sollten möglichst viele auf einem spirituellen Weg lernen, zu ihrer Taufe ein erwachsenes *Adsum* zu sprechen, und bereit sein, aus Mitgliedern zu Zeugen zu werden.

Gemeindeerfahrene Personen

4. In der Gemeinde werden drei Personen gesucht. Diese kommen aus der Mitte des gemeindlichen Lebens und haben schon Verantwortung getragen, sind in diesem Sinn »personae probatae«. Sie haben auch reichlich berufliche Erfahrung. Im Normalfall sind sie bereits in Pension und damit in der Lage, ehrenamtlich zu wirken. Niemand ist unter 55.
5. Der Bischof sorgt dafür, dass es eine theologisch verantwortliche und pastoral intensive Ausbildung von drei Jahren gibt. Diese kann an eine Hochschule/Universität angebunden werden. Wenn es ein Bakkalaureat ist, braucht es eine besondere pastorale Schwerpunktsetzung. Die Eignung für Leitungsaufgaben im Team muss gegeben sein.

Kirchenpolitisch: Pilotprojekt für Weltkirche

6. Der Bischof erhält die Sondererlaubnis (als Ausnahme vom can 1042 §1), diese drei Personen zu Priestern zu weihen und sie der Gemeinde zuzuordnen, aus der sie kommen.

Intensive Begleitung lokaler Presbyterien

7. Hoher Wert wird nach der Weihe auf eine intensive spirituelle und pastorale Begleitung gelegt. Dadurch kann die nur dreijährige Ausbildung wettgemacht und weitergeführt werden.

8. Abzuraten ist von der Weihe von »viri probati« im herkömmlichen Sinn. Dies würde vorhersehbar die Entwicklung der Gemeinden zu einer missionarischen Zeugenschaft mindern.

Konzentration der ehelos lebenden Priester in regional wirkenden Kommunitäten

9. Die Bildung lokaler Presbyterien eröffnet die Möglichkeit, die ehelosen Priester in Zentralpfarren zusammenzuziehen. Die Studie Priester 2000 zeigt, dass unter modernen Bedingungen Zölibat sehr eng mit kommunitärer Lebensform verwoben ist. Die Bildung von lokalen Presbyterien ist auf diese überraschende Weise zugleich eine Möglichkeit, den Zölibat dadurch zu sichern, dass er auch praktisch lebbar gemacht wird.

10. Der Dechant, der selbst in einer solchen Priestergemeinschaft lebt, ist für die neuen (drei) Presbyterien verantwortlich: rechtlich, spirituell, pastoral.

Zu früh?

Der Kardinal kam aus Rom nach Wien zurück. Ich treffe ihn. Natürlich kommt gleich meine hoffnungsfrohe Frage: »Herr Kardinal, haben wir die Erlaubnis?« Seine für mich entmutigende Antwort: »Ich habe das Papier gleich gar nicht mitgenommen. Es ist zu früh.« Ich frage ihn: »Herr Kardinal, wie lange haben Sie noch Zeit?« Ich hätte wohl sagen sollen: »Wie viel Zeit haben wir als Kirche noch?« Ortsbischöfe scheinen dem Papst die ablehnende Entscheidung präventiv abzunehmen. Geht deshalb weltkirchlich nichts weiter, weil auch Ortsbischöfe dem Papst nicht Entscheidungen für eine Entwicklung kirchlicher Strukturen zumuten? Wäre es nicht umgekehrt besser, dass sich diözesan in diesen Fragen Domkapitel und Bischof abstimmen und gegenseitig stärken, dass auch Bischöfe die auf dem Konzil entdeckte Kollegialität nutzen und von den Ortskirchen her ihre weltkirchliche Gestaltungsmöglichkeit mehr als bisher einsetzen?

Heute hätte die Kirche noch viele hochqualifizierte »personae probatae«, pastoral bewährte Personen, in vielen überaus lebendigen und mitgliederstarken Gemeinden. Weil wir nicht handeln, tragen wir dazu bei, dass vor allem in ländlichen Gebieten sich diese Gemeinden nach und nach verflüchtigen – die rechtliche Auflösung ist lediglich der letzte Schritt einer bitteren Entwicklung. Die Erfahrung lehrt uns, dass weder Wortgottesdienste in den Gemeinden noch Eucharistiefeiern in zentralen Orten von den Menschen in erwartetem Maß angenommen werden. Tatsache ist, dass die Menschen eher ganz wegbleiben, wenn keine Eucharistie am Ort gefeiert wird. Die Kirchgangsfrequenz dünnt sich faktisch mit der Eucharistiefrequenz aus.

Die Kirche selbst betreibt sehenden Auges die Entkirchlichung des Landes. Und dagegen umgehend etwas zu unternehmen soll zu früh sein? Wir nehmen es eher hin, dass die Menschen sich zerstreuen, als durch geeignete Maßnahmen (wie eben die Sicherstellung der Eucharistiefähigkeit etwa durch die Bildung lokaler Presbyterien) zusammenzuhalten, zu nähren, durch Gottes Geist zu wandeln in »Leib hingegeben«, in eine Gemeinschaft, die den Menschen »die Füße wäscht«. Und wenn sie dann weg sind, fangen wir mit missionarischer Seelsorge an. Irgendwie verrückt.

Raumgerecht seelsorgen

In einer Umfrage in der einstigen Trierer Region Rhein-Mosel-Ahr wurde anhand eines differenzierten Erhebungsinstrumentars bei einer Tagung aller Hauptamtlichen der Frage nachgegangen, welcher pastorale Raum für welche pastoralen Vorgänge aufgrund ihrer langjährigen Erfahrung optimal ist. Es ist die Frage nach der »raumgerechten Seelsorge«. Sie wäre eine Alternative zur einfallslosen und zugleich klerizistischen Not-Strategie, die Seelsorgsräume der jeweils verfügbaren Zahl von Priestern anzupassen.

Das Ergebnis besticht und ist für eine positive Entwicklung der Seelsorgsräume mehr als nützlich. Das sind zusammengefasst die Highlights der Erhebung, die ich selbst durchgeführt habe:

Tätigkeiten

1. Im Untersuchungsgebiet der Region Rhein-Mosel sind die Befragten im Schnitt an 62 einzelnen pastoralen Vorgängen beteiligt.
2. Diese Vorgänge lassen sich dreiteilen: Zu einem ersten – dem Kernbereich – zählen die Gottesdienste, vorab die Feier der Eucharistie; dazu gehören die Sakramente (vor allem zu den Lebenswenden) und schließlich Kinder- und Frauengruppen.
3. Aus dem Kernbereich gelten 73 Prozent im Schnitt als unverzichtbar, aus dem Mittelbereich 68 Prozent, aus dem Randbereich 34 Prozent.

Reichweiten

4. Es gibt Tätigkeiten, die nach einem überschaubaren Raum verlangen. Das betrifft den Kernbereich (Eucharistie – gottesdienstliche Feier; Sakramente – zu den Lebenswenden; Kinder- und Frauengruppen). Es sind zugleich Tätigkeiten, die eine Nähe zum Menschen in den familialen Lebenswelten verlangen. Deshalb ressortieren auch die Kindergärten auf dieser unteren Ebene.

5. Andere Tätigkeiten tendieren zu größeren Räumen: zur Seelsorgseinheit, zum Dekanat, zur Region, zur Diözese. Dazu gehören neue spirituelle Vorgänge (geistliche Bewegungen, Erwachsenenkatechumenat, geistliche Zentren), personal- und organisationsentwicklerische Aufgaben, anspruchsvolle (finanz- und organisationsintensive) soziale Projekte wie Altenheime, Krankenhäuser, Schulen.

Doppelstruktur

6. Raumgestalterisch ist sicherzustellen, dass der Kernbereich der Pastoral bodennah gestaltet wird. Dazu braucht es lokale (gemeindliche) Netzwerke in Pfarreien – und wenn diese zu groß sind – in Filialen oder anderen Untereinheiten.
7. Es gibt Vorgänge, die von Haus aus nicht pfarrlich zu organisieren sind, sondern nach größeren Einheiten verlangen: neuere geistliche Vorgänge, personal- und organisationsentwicklerische Bemühungen, anspruchsvolle soziale Projekte wie Krankenhäuser, Altenheime, Schulen, Sozialstationen. Dazu kommen Projekte für die Menschen aus Milieus, die heute in der Kirche eher marginal angesiedelt sind.
8. Auf lokaler Ebene sollte möglichst viel ehrenamtlich geschehen. Auf dieser Ebene ist viel an Personal- und Gemeindeentwicklung zu intensivieren mit dem Ziel, dass das Leben in angemessener Qualität ehrenamtlich getragen werden kann. Zu den Entwicklungszielen gehört heute auch, dass es ehrenamtliche Leitungsteams gibt (also eine Art »ungeweihter Presbyterien«[41]).

41 Unter diesen wären jene »gemeindeerfahrenen Personen«, die nach Bischof Lobinger »morgen« geweiht werden könnten und aus theologisch plausiblen Gründen auch geweiht werden sollten. Denn, so argumentiert das »Lima-Dokument«, »um ihre Sendung zu erfüllen, braucht die Kirche Personen, die öffentlich und ständig dafür verantwortlich sind,

9. Die professionalisierten Hauptamtlichen sollten zunehmend in den größerräumigen Vorgängen angesiedelt werden.
10. Zwischen der Lokalstruktur und der Großraumstruktur sind subsidiäre Synergien zu schaffen: Die Instrumente der Personal- und Organisationsentwicklung sind dafür klug einzusetzen.

Die Erfahrung der Befragten spricht klar gegen die verbreitete Autarkie der vorhandenen Pfarrgemeinden. Der durchaus anzutreffende »Parochialismus« (Ferdinand Klostermann) findet keinerlei Unterstützung. Für nicht wenige pastorale Vorgänge ist der lokale Raum einer Pfarrgemeinde zu klein. Zu solchen Vorgängen zählen laut Erhebung u. a. die Vorbereitung sakramentaler Feiern (Taufe, Firmung, Trauung), die Qualitätssicherung des Religionsunterrichts, die Begleitung von Ehrenamtlichen, seelsorgliche Beratung verschiedener Art, karitative Dienste.

Dennoch sind und bleiben zentrale Vorgänge christlichen Lebens lokal und sind wie Momente an der alltäglichen Biografie der meisten Menschen ortsgebunden – der Wunsch nach Heimat und Beheimatung nimmt sogar deutlich zu. An der Spitze solcher lokaler Vorgänge steht die sonntägliche Feier der Eucharistie. Diese wird dem stabilen familialen Lebensraum zugeordnet. Wäre also nicht alles Erdenkliche zu tun, um diesen auch theologisch sinnvollen Ort der Eucharistiefeier zu sichern? Würde das nicht ver-

---

auf die fundamentale Abhängigkeit von Jesus Christus zu verweisen und dadurch innerhalb der Vielfalt der Charismen für die Einheit zu sorgen.« Dieses Amt ist »konstitutiv für Leben und Zeugnis der Kirche. Es wird seit frühester Zeit und weithin in allen christlichen Kirchen durch Ordination übertragen.« Kommission für Glauben und Kirchenverfassung des Ökumenischen Rates der Kirchen, Konvergenzerklärungen zu Taufe, Eucharistie und Amt, hier: Amt, Nr. 8.

hindern, dass den Kirchen die Menschennähe verloren geht, was dazu führt, dass sich die Kirchen lokal immer mehr ausdünnen?

Es gibt im Übrigen genug Argumente aus päpstlichen Dokumenten der jüngeren Zeit, um den Wunsch nach den lokalen Eucharistiefeiern zu begründen. Zwei Beispiele mögen genügen:

»Das Zweite Vatikanische Konzil hat daran erinnert, dass die Feier der Eucharistie im Zentrum des Wachstumsprozesses der Kirche steht. Nach der Aussage: ›Die Kirche, das heißt das im Mysterium schon gegenwärtige Reich Christi, wächst durch die Kraft Gottes sichtbar in der Welt‹, fügt das Konzil hinzu, als ob es auf die Frage ›Wie wächst sie?‹ antworten wollte: ›Sooft das Kreuzesopfer, in dem Christus, unser Osterlamm, dahingegeben wurde (vgl. 1 Kor 5,7), auf dem Altar gefeiert wird, vollzieht sich das Werk unserer Erlösung. Zugleich wird durch das Sakrament des eucharistischen Brotes die Einheit der Gläubigen, die einen Leib in Christus bilden, dargestellt und verwirklicht (vgl. 1 Kor 10,17).‹«[42]

»Diese erste grundlegende Verwandlung von Gewalt in Liebe, von Tod in Leben zieht dann die weiteren Verwandlungen nach sich. Brot und Wein werden sein Leib und sein Blut. Aber an dieser Stelle darf die Verwandlung nicht Halt machen, hier muss sie erst vollends beginnen. Leib und Blut Jesu Christi werden uns gegeben, damit wir verwandelt werden. Wir selber sollen Leib Christi werden, blutsverwandt mit ihm. Wir essen alle das eine Brot. Das aber heißt: Wir werden untereinander eins gemacht. Anbetung wird, so sagten wir, Vereinigung. Gott ist nicht mehr bloß uns gegenüber der ganz Andere. Er ist in uns selbst und wir in ihm. Seine Dynamik durchdringt uns und will von uns auf die anderen und auf

42 Johannes Paul II.: Ecclesia de Eucharistia, Rom 2003, 21.

die Welt im ganzen übergreifen, dass seine Liebe wirklich das beherrschende Maß der Welt werde.«[43]

Ökumene

Mehr Mut in der Ökumene könnte den Dienst der Kirchen an der eins werdenden Welt stärken. Wie kann denn eine gespaltene Kirche glaubhaft vermitteln, dass nationalistische, sexistische, ökonomistische und rassistische Spaltungen nicht dem Frieden dienen und der tiefen Einheit des Menschengeschlechts entgegenstehen, wenn die Christenheit selbst heillos gespalten ist? Wie können die christlichen Kirchen ihr Vertrauen in ihren »Herrn Jesus Christus« glaubhaft zeigen, wenn sie dem inständigen Gebet Jesu selbst um Einheit der Seinen so wenig Gewicht geben?

Auch die Kirchen könnten vom ökumenischen Fortschritt profitieren. Die Katholiken könnten von den Protestanten den hohen Stellenwert des Wortes Gottes annehmen. Die Protestanten wiederum könnten mithilfe der Katholiken die heilsame Kraft der Rituale mehr schätzen lernen. Von beiden, den Protestanten wie den Katholiken könnten die orthodoxen Kirchen lernen, wie man auch unter modernen Bedingungen – ohne die »Nötigung« eines »kanonischen Territoriums« – aufrechter und überzeugter Christ sein kann. Die moderne Welt ist nicht so schlecht, wie viele in den christlichen Kirchen sie gerne hätten.

Es wäre gewiss auch nicht von Nachteil, wenn es in Gebieten mit konfessioneller Dominanz eine selbstverständliche eucharistische Gastfreundschaft gäbe. KatholikInnen könnten hin und wieder in Gottesdienste evangelischer Freikirchen gehen und sich von ihrem mitreißenden Lobpreis und unbekümmerten Vertrauen in einen heilenden

---

43 Benedikt XVI.: Predigt auf dem Weltjugendtag in Köln 2005.

Gott berühren lassen. Protestanten könnten, gingen sie in katholische Messen, hin und wieder das Gefühl bekommen, dass die Christen nicht nur eine überalterte verschwindende Minderheit sind. Es wäre gar nicht schlecht, könnten sich etwa in Norwegen, wo die nächste katholische Gemeinde 250 km entfernt, aber eine evangelische Gemeinde vor der Haustür ist, Katholiken in einer evangelischen Gemeinde und ihren Gottesdiensten zu Hause fühlen. Amtsträger können sich die Belastungen für Familien mit pflegebedürftigen Alten und kleinen Kindern nicht vorstellen, wenn diese nicht zu Fuß in eine Eucharistiefeier gehen können. Es sind faktisch nur ganz wenige, die sich in ein Auto setzen – vielmehr bleiben sie nach und nach weg.

Scheidung und Wiederverheiratung

Die Zugewinne lassen sich weiter fortsetzen. Eine Annäherung der katholischen Kirche an die Orthodoxie brächte der katholischen Pastoral die Lösung mancher pastoraler Ratlosigkeiten. So könnte die katholische Kirche bei den Orthodoxen lernen, dass – nach einer auch scheidungspsychologisch vernünftigen dreijährigen Bußzeit – eine Aussöhnung mit der Kirche, eine zweite Krönung und damit auch der Zugang zum Empfang der Kommunion eröffnet werden kann und dass eine solche Praxis keineswegs als »unchristlich« denunziert werden muss. Gründet sie doch – gestützt auf die Heilige Schrift – in der theologisch weisen Lehre von *Akribia* und *Oikonomia* bzw. dem leicht einsichtigen Wissen, dass das Leben immer bunter ist als alle noch so guten Kirchenrechte fassen können. Das heißt auch, dass Gottes Handlungsquell eben nicht die Kanonistik, sondern sein grenzenloses Erbarmen ist; es lässt ihn auch und gerade in ausweglosen Situationen zusehen, dass das Leben seiner geliebten Geschöpfe nicht um-, sondern aufkommt.

»Zwölf Stunden hat der Tag; in den ersten drei Stunden sitzt der Heilige, gebenedeiet sei er, und befasst sich mit der Gesetzeslehre, in den anderen sitzt er und richtet die ganze Welt, und sobald er sieht, dass die Welt die Vernichtung verdient, erhebt er sich vom Stuhl des Rechts und setzt sich auf den Stuhl der Barmherzigkeit; in den dritten sitzt er und ernährt die ganze Welt, von den gehörnten Büffeln bis zu den Nissen der Läuse; in den vierten sitzt der Heilige, gebenedeiet sei er, und scherzt mit dem Levjathan, denn es heißt: ›Der Levjathan, den du geschaffen hast, um mit ihm zu spielen!‹«[44]

Aber vielleicht stagniert die Annäherung der katholischen Kirche an die Orthodoxie eben deshalb, weil man diese vorteilhaften pastoralen Nebenwirkungen letztlich gar nicht will? Es wird nicht so sein, dass die Orthodoxen etwa in Russland die katholische Konkurrenz fürchten (müssten), zumal die Göttliche Liturgie der Orthodoxie der slawischen Seele viel näher liegt als die katholische Liturgie, die sich in den letzten Jahren (leider) eher der Wortlastigkeit der protestantischen Kirchen angenähert hat als ihre mystische Kraft zu wahren und zu pflegen.

Mutige Kirchen wären also ökumenisch mutiger. Ein neues Pfingsten ist ohne einen neuen ökumenischen Elan mit konkreten Schritten der Annäherung und einem klaren Zeitplan für eine Aussöhnung der auch danach durchaus verschiedenen Kirchen undenkbar. Gerade die Stagnation der Ökumenischen Bewegung signalisiert eine tiefe Geistvergessenheit in den einzelnen Konfessionen.

---

44 Babylonischer Talmud, Traktat Avoda zara (Vom Götzendienst) 3b; zitiert nach Goldschmidt, L.: Der Babylonische Talmud, VII, Berlin 1925, 801.

Nie und Nimmer?

Ein Moment an dieser Geistverdrossenheit ist die Weigerung der Kirchen, innerhalb des eigenen Hauses und im Miteinander von Gott her überraschend Neues zu erwarten. Ich skizziere diesen Verdacht am Beispiel der katholischen Kirche und der beliebten Argumentationsformel »nie und nimmer«. Diese Formel stützt sich logisch darauf, dass die (jeweilige) Kirche bisher eine bestimmte Erfahrung gemacht hat. Diese Erfahrung binde dann aber die Kirche für immer. Neue Erfahrungen, die mit den bisherigen nicht übereinstimmten, seien deshalb grundsätzlich und für immer auszuschließen. »Nie und nimmer« lasse sich also ändern, was bisher eben unentwegt gegolten hat.

Religionsfreiheit und Frauenordination

So hat beispielsweise am Beginn der Moderne der römische Papst Pius IX. in seinem berühmt-berüchtigten Syllabus von 1864 dekretiert: »Nie und nimmer« werde sich der Pontifex Romanus mit den modernen Freiheitsrechten – einschließlich der Religionsfreiheit[45] – anfreunden.

»Nie und nimmer«, so 1983 Papst Johannes Paul II., würden in der katholischen Kirche Frauen ordiniert werden. Es sei daher müßig und zu unterlassen, eine solche Möglichkeit in theologischen Disputen auch nur zu erwägen.

Wie unhaltbar solche »nie und nimmer« sind, mögen zwei kirchengeschichtliche Begebenheiten zeigen. Die eine ist auf dem Zweiten Vatikanischen Konzil passiert. Just 101 Jahre nach dem Syllabus erließ die Kirchenversammlung

---

45 Verworfen wurde: »15. Es steht jedem Menschen frei, jene Religion anzunehmen und zu bekennen, welche jemand, durch das Licht der Vernunft geführt, für die wahre hält.«

das Dekret über die Religionsfreiheit »Dignitatis humanae«. Dort steht (gestützt auf die Menschenwürde) letztlich genau das Gegenteil des 1864 als »nie und nimmer« annehmbar Verworfenen: Wahrer Glaube könne nur aus der Tiefe personaler Freiheit, also Liebe, entspringen. Unfreiheit, Nötigung, Zwang in Sachen des Glaubens würde dieser inneren Würde des Glaubens widersprechen:

»2. Das Vatikanische Konzil erklärt, dass die menschliche Person das Recht auf religiöse Freiheit hat. Diese Freiheit besteht darin, dass alle Menschen frei sein müssen von jedem Zwang sowohl von Seiten Einzelner wie gesellschaftlicher Gruppen, wie jeglicher menschlichen Gewalt, so dass in religiösen Dingen niemand gezwungen wird, gegen sein Gewissen zu handeln, noch daran gehindert wird, privat und öffentlich, als einzelner oder in Verbindung mit anderen – innerhalb der gebührenden Grenzen – nach seinem Gewissen zu handeln. Ferner erklärt das Konzil, das Recht auf religiöse Freiheit sei in Wahrheit auf die Würde der menschlichen Person selbst gegründet, so wie sie durch das geoffenbarte Wort Gottes und durch die Vernunft selbst erkannt wird. Dieses Recht der menschlichen Person auf religiöse Freiheit muss in der rechtlichen Ordnung der Gesellschaft so anerkannt werden, dass es zum bürgerlichen Recht wird.«[46]

Das »Nie und nimmer« Pius IX. im Syllabus 1864 hat kaum 100 Jahre gehalten. Sollte bei der Frauenordination neuerlich ein Countdown begonnen haben? Könnte es dabei sein, dass die Ablaufzeit immer kürzer wird?

Schon Petrus

Übrigens hat auch schon der erste Papst mit seinem »Nie und nimmer« Schiffbruch erlitten. Es ging damals, so er-

46 Dignitatis humanae, 2.

zählt die Apostelgeschichte, um die weitreichende Frage, ob jemand, der Christ werden will, zuvor Jude werden muss – also Beschneidung, sich unter das Gesetz stellen, keine unreinen Speisen essen. Petrus meinte – ganz streng getreu zur Überlieferung auf die bisherige Erfahrung gestützt – nicht anders zu können, als so zu denken. Er hielt es denn auch für ausgeschlossen, dass er, beim bekehrungswilligen Heiden Kornelius zu Gast, unreine Speisen essen werde. Als ihm Gott solches dennoch in einem Traumgesicht zumutete, sagte er: *»Niemals, Herr! Noch nie habe ich etwas Unheiliges und Unreines gegessen.«* »Bisher«, so wäre ausdrücklich einzufügen. Doch eine Stimme belehrte ihn dreimal hartnäckig: *»Was Gott für rein erklärt, nenne du nicht unrein.« (Apg 10,14f.)*[47] Die göttliche Traumlektion war von Erfolg gekrönt. Aus dem unbeugsamen »Niemals, Herr!« wurde gläubige Zustimmung.

»Beuge, was verhärtet ist« – diese Passage aus dem altehrwürdigen Hymnus *Veni Creator* (Komm, Heiliger Geist) kommt einem in den Sinn.

Muss also nicht auch heute ein Papst damit rechnen, dass die Berufung auf die bisherigen Erfahrungen allein nicht ausreicht und Gott ihn durch seine geistvollen Träume eines anderen belehren kann – heute nicht in Joppe, sondern im Vatikan, vielleicht auch nicht in Träumen, sondern in einer Kirchenversammlung?

47 Als die Glaubenskongregation bei meinem Ortsbischof anfragen ließ, was ich über die Frauenordination denke, habe ich mit dem Hinweis auf diese göttliche Lektion für den ersten Papst geantwortet. Es kam keine weitere Frage.

Coda

»Empfanget den Heiligen Geist«: Welch ein gefährliches Geschenk des Auferstandenen für eine geistlose Welt und eine geistarme Kirche!

In der Welt würden mehr Menschen an verantwortlichen Stellen von Wirtschaft und Politik sich um mehr Gerechtigkeit und damit um bleibenden Frieden in der zusammenwachsenden Welt mühen, wären sie »erfüllt vom Heiligen Geist«[48].

Aber auch die christlichen Kirchen könnten zu neuen Ufern aufbrechen: zu einem versöhnten Miteinander, zu gemeinsamem Beten und Handeln.

Nicht zuletzt könnten auch die Religionen der Welt in einem einander (er)tragenden Miteinander die gemeinsame Vision einer letzten Einung der einen Welt und in ihr der einen Menschheit in Gottes Reich schon heute in Spuren leben und voranbringen: indem wir alle in den kosmischen Christus hineinreifen – so werden wir Christen es wenigstens für uns dankbar deuten.

Der Leiter des Millenium-Institute in Arlington, Gerald O. Barney, rief die Führer der Religionen zu einem gemeinsamen Einsatz in der einen Welt auf:

»We, the people of Earth, need the help and involvement of our spiritual leaders. It is from our respective faiths that we derive our sense of origins, of self, of purpose, of possibility. You are our source of inspiration for what we humans and Earth can become. Your dreams are our visions – and our destiny. We depend on you.«

48 Die Heilige Schrift berichtet wiederholt von Menschen (Maria, Elisabeth, Jesus, die Jünger Christi), die vom Heiligen Geist erfüllt prophetisch und mutig handelten: Mk 12,36; Lk 1,15.41.67; 4,1; 10,21; Apg 4,8; 6,5; 7,55; 13,9.52; Gal 6,1.

»Wir, die Menschen der Erde, brauchen die Hilfe und Beteiligung unserer spirituellen Führer. Aus unserem jeweiligen Glauben leiten wir unser Verständnis von den Ursprüngen, vom Selbst, den Zielen und Möglichkeiten ab. Sie sind unsere Quelle der Inspiration, was aus uns Menschen und der Erde werden kann. Ihre Träume sind unsere Visionen – und unser Schicksal. Wir verlassen uns auf Sie.«[49]

49 Barney, Gerald O.: Gobal 2000 revisted, Arlington 1993.

Anhang:

Plädoyer für Kirchenwachstum

Für die Weiterentwicklung der seelsorglichen Räume greifen nicht wenige - zu Recht - auf die Sinus-Milieu-Studie zurück. Diese zeigt, dass christliche Kirchen zurzeit eher in wenigen, mehr traditionsorientierten Milieus zu Hause sind. Um im paulinischen Sinn »allen alles zu werden«, braucht es mutige Initiativen und viel pastorale Phantasie, um mit Menschen aus kirchenferneren Milieus über das Evangelium in einen lebensformenden Dialog zu kommen. Mit Michael Ebertz[50] habe ich dazu folgende pastoraltheologische Reflexionen angestellt, die hier wegen ihrer Aktualität dokumentiert werden.

[1] Die Sinus-Milieustudie verweist auf die Vision einer transformierten Volkskirche (Kirche im Volk). Kirche für alle Milieus ist das leitende Motiv. »Geht in alle Welt« wird zu »Geht in alle Milieus« (Mt 28,19).

[2] Auf dem Weg zu dieser transformierten Volkskirche (Kirche im Volk) braucht es die Bereitschaft zur Vielfalt von Kirchenkulturen in Zugehörigkeits-, Ausdrucks- und Sozialformen.

[3] Diese Vielfalt entsteht durch die Präsenz von Kirchenmitgliedern in den einzelnen Milieus: In allen Milieus (nicht nur in jenen der Traditionellen, der Konservativen und der bürgerlichen Mitte!) sind Kirchenmitglieder vorhanden. Sie haben von Gott her Kirchenberufungen und da-

50 Dieses Positionspapier habe ich mit Michael N. Ebertz als Ergebnis einer Fortbildungsveranstaltung im Institut für Theologische und Pastorale Fortbildung in Freising formuliert. Es wurde erstmals veröffentlicht als: Plädoyer für Kirchenwachstum. Pastoraltheologisches zu den Sinus-Milieus, in: Lebendige Seelsorge 58 (2007) 324-328.

mit den Auftrag, mit ihren milieuspezifischen expressiven Begabungen dazu beizutragen, dass Kirche im Milieu leben und wirken kann. Sie geben ihrem milieugeformten Glauben Ausdruck und formen dabei milieuspezifische Bilder von Gott, Christus, Kirche, Priester sowie für die Urfragen von Tod und Leben (Eros und Thanatos). Sie haben auch unterschiedliche Bilder von räumlicher Nähe und damit von der Gestalt von Kirche in ihren Gemeinschaften.

[4] Trotz des Auftrages »Geht hin in alle Milieus«, trotz der Vision einer transformierten Volkskirche/Kirche im Volk, wird die Kirche in den einzelnen Milieus immer nur Salz sein, um strahlendes Licht zu werden. Volkskirche und Minderheitskirche erweisen sich somit nicht als Widersprüche.

[5] Der Übergang von der traditionellen Volkskirche (und ihrer parochialen Grundstruktur) zur transformierten milieusensiblen Volkskirche wird nur allmählich und behutsam verlaufen, muss aber gestaltet werden. Inmitten der traditionellen Volkskirche sind milieusensible Prozesse zu wagen: von den laufenden Arbeitsvollzügen angefangen bis hin zum kontrollierten Experiment durch milieugerechte Projekte (wie z.B. Jugendkirche: auch Jugend ist milieuplural – siehe C-Milieus) (vgl. Gen 18: die altgewordene Sara und die Verheißung des jungen Isaaks).

Strukturell

[6] Bei den Milieus geht es nicht um einzelne Personen, sondern um ein soziokulturelles Phänomen. Auf Milieus allein mit personzentrierten pastoralen Aktivitäten zu antworten, greift zu kurz, wenngleich auch eine milieuspezifische Seelsorge immer mit Personen und ihren einmaligen Lebensgeschichten zu tun hat. Eine milieusensible Pastoral braucht geeignete Strukturen.

[7] Die transformierte Volkskirche (Kirche im Volk) braucht den größeren pastoralen Organisationsraum. Der größere Raum (Dekanat, Region, Diözese) erleichtert die *Milieudifferenzierung*, ersetzt aber nicht die *Milieusensibilität* im lokalen Raum. Das gilt für den ländlichen Raum wie für den städtischen, wenngleich mit Modifikationen.

[8] Auch der ländliche Raum ist längst milieuplural und durch hochgradige Mobilität gekennzeichnet. Die (dualistische) Unterscheidung von »Stadt« und »Land« trägt immer weniger aus und lenkt von einer weitaus höheren Pluralität von Räumen ab. Es gilt, neueren soziologischen Raumtheorien entsprechend, auch pastorale ›Räume‹ als relationale Gefüge von Lebewesen und Gütern zu begreifen (Spacing), die in der Vorstellung, Wahrnehmung und Erinnerung der Handelnden zu einheitlichen Räumen verbunden werden (Syntheseleistung). Wir haben es also mit einer Vielfalt von Räumen zu tun, auch insofern, als ein und derselbe Raum (im Sinne von Spacing) subjektiv und milieuspezifisch unterschiedlich wahrgenommen werden kann (vgl. Martina Löw, Raumsoziologie, Frankfurt 2001; Markus Schroer, Räume, Orte, Grenzen, Frankfurt 2006).

[9] Pastorale Zentren (mit milieupluraler Besetzung von Fachkräften: die Mitglieder eines Teams sind jeweils Anwälte unterschiedlicher Milieus) in diesem größeren Raum können für die Entwicklung milieugerechter pastoraler Strukturen und Projekte mehr als hilfreich sein.

[10] Nähe hat mehrere Dimensionen: eine räumliche, sachliche, zeitliche und soziale. Diese Dimensionen müssen nicht zusammenfallen. Schon gar nicht bedeutet räumliche Nähe pfarrliche Nähe. »Heimat« ist heute immer auch »Wahlheimat«. Das Bedürfnis nach Beheimatung ist auch nicht immer der Wunsch nach Einbindung in eine Pfarrei. Bedenkenswert ist: Wer »Heimat« sagt, riskiert, andere auszuschließen.

[11] Die Pfarrei wird künftig nur eine gemeindliche Sozialform unter mehreren sein und sich selbst im Rahmen einer arbeitsteiligen kooperativen Netzwerkpastoral transformieren.
[12] Je mehr pastorale Netzwerke sich bilden, desto eher werden sie von Ehrenamtlichen/Freiwilligen getragen sein, die im Rahmen einer zu entfaltenden Kultur der Wertschätzung zu qualifizieren sind.
[13] Das von der Kirche bezahlte Personal ist künftig nicht mehr nur den Pfarreien zuzuteilen, auch nicht nur kategorialen Aufgaben (ein Teil von diesen war bereits milieugerichtet), sondern es braucht auch freies missionarisches Personal – pastorale Pfadfinder und Grenzgänger – für die Arbeit in den Milieus.
[14] Solange Menschen aus traditionellen Gründen (Lebenswendenrituale) oder auch modernen Motiven (Beheimatung beim pfarrlichen Friedhof, bei der Stadtteil- oder Dorfkirche) pfarrlich orientiert sind, braucht es in den Pfarreien

- die pastorale Kompetenz der Milieusensibilität bei den Seelsorgenden;
- die milieuspezifische Ausformung von pastoralen Vorgängen; sie geschieht durch Beteiligung von Milieurepräsentanten (z.B. Gestaltungsmöglichkeit von Hochzeiten, aber auch von anderen Gottesdienstformen unterhalb der Eucharistieschwelle).
- Wie in der Kirche gilt auch in den Pfarrgemeinden die Grundbotschaft: »Platz für alle«. Realisiert werden kann diese Grundbotschaft häufig und zeitweise nur im Nebeneinander und Hintereinander statt im »Durcheinander«.

[15] Die Rücksichtnahme auf Milieus verlangt eine Vielfalt von Optionen auf der Skala von intensiver Gemeindebildung – Dienstleistung – Event. Allerdings gilt: je mehr

Dienstleistung und Event, umso mehr Gemeindebildung (die Gemeinde ist Trägerin der Dienstleistungen und Events).
[16] Neue Formen der Ekklesiogenese – Gemeindewerdung auch jenseits des Pfarrprinzips – sind zu fördern. Dabei kann helfen, den größeren Raum als die »unterste Seelsorgseinheit« zu bestimmen und als Netzwerk zu gestalten, in dem Pfarreien, Gemeinde, Initiativen, dazu Orden und andere Orte kategorialer Aufgabenerfüllung unterschiedlichster Art Knotenpunkte darstellen.
[17] Die Bildungsarbeit ist ein bevorzugter Ort für milieuspezifische kirchliche Praxis. Sie nimmt nicht nur auf die Milieus (sprachlich, ästhetisch, in der Wahl der Themen) Rücksicht, sondern trägt auch zum gewünschten »Milieuaufstieg« bei (vgl. dazu das für den Bildungsbereich erstellte Milieuhandbuch von Barz/Tippelt, Weiterbildung und soziale Milieus in Deutschland, 2 Bände, Bielefeld 2004).

Theologisch

[18] Es ist davon auszugehen, dass die großen Themen der Verkündigung milieuspezifisch geprägt sind. Es gilt diese Milieutheologien zu erkennen.
[19] Themen sind: die Urfragen des Lebens (Eros und Thanatos), Gott, Christus (Jesus), Kirche, Priester, Berufung ...
[20] Das Milieu formt diese Urfragen und zentralen Themen der Verkündigung, kann sie aber auch verformen. Zumindest sind sie milieuspezifische Ausschnitte, die stark sind durch den Inhalt und fragwürdig durch das, was nicht vorkommt, sondern aus dem reichen Schatz des biblisch begründeten christlichen Glaubenskosmos ausgeblendet wird, weil es stört und zu Veränderung drängt. Eine systematische Milieutheologie braucht daher die Zusammenschau

der einzelnen Milieutheologien: diese Zusammenschau gehört auf den Prüfstand der christlichen Gründungsurkunden. Unverzichtbar ist eine Kritik der milieugeformten Gottesbilder (natürlich auch des Milieus der Traditionsverwurzelten, der bürgerlichen Mitte, der Konservativen).

[21] Das Ergebnis der wohlwollend-kritischen Auseinandersetzung mit den einzelnen Milieus ist nicht Uniformität (diese wäre »sektoid«), sondern bleibt immer Vielfalt als Schönheit (»kirchlich«). Die Identität in dieser Vielfalt bleibt gewahr durch die ständige Rückbindung aller Milieus an das Evangelium, näher an die Gestalt Jesu, des Christus.

[22] Ein zentrales christliches Thema ist jenes der milieuspezifischen Umkehr: Welches sind die Versuchungen der einzelnen Milieus, aus einem unpassenden Gott einen milieupassenden Gott (»Götzen«) zu machen – was »gedeihliche Veränderung« (»Umkehr«) letztlich verunmöglicht? Eine Pastoral, die sich auf die Milieus einlässt, darf ihre prophetische Kraft nicht verlieren, die Kraft auch der Milieudistanz.

[23] Eine milieusensible Pastoral sieht nicht nur einzelne, sondern auch Verhältnisse und Strukturen. Daraus ergeben sich »Optionen«, deren erster Adressat die Kirche selbst ist (als Licht der Welt und Salz der Erde: Mt 5,32). Auf Verhältnisse reagiert die Kirche nicht allein seelsorglich, sondern auch »politisch«: , in der Option für »Milieuaufstieg« durch Bildung, durch ihren Einsatz für Armutsreduktion (Gerechtigkeit), eine Option für größeren Lebensreichtum. Dadurch bleibt das Handeln der Kirche im unauflösbaren Spannungsgefüge von Mystik und Politik, von Einzelnem und Gemeinschaft (vgl. Gaudium et spes und Lumen gentium).

[24] Eine der wichtigsten Aufgaben der Kirche wird es sein, verschiedene, auch einander abstoßende Milieus zu

integrieren. Analog zu Gal 2,38 gibt es dann nicht mehr Konservative und Konsum-Materialisten etc., sondern sie sind in einer gewandelten Tiefe »einer« geworden, christusförmig.

Ich selbst

[25] Ich bin auch in einem Milieu daheim (mein begrenzter Tunnelblick, meine fokussierten Lebensinteressen, meine begrenzte Milieukompetenz und Milieureichweite).
[26] Ich kann auf fremde Milieus unterschiedlich reagieren: als »Friedenspriester« (Assimilation im Sinn von unkritischer Angleichung), als Märtyrer, als Kompromissbereiter ...
[27] Hilfreich sind befreundete Menschen und Bekanntschaften aus anderen Milieus, um meine Grenzen zu erkennen und den anderen besser kennenzulernen. Dazu hilft einem Hauptamtlichen auch ein »Standbein« in einer »außerkirchlichen Welt«.
[28] Inmitten der Herausforderung der Umgestaltung von einer traditionellen zu einer transformierten Volkskirche bedürfen Seelsorger und Seelsorgerinnen ständiger Fortbildung und Supervision. Methodisch kann in der Fortbildung von einer (ressourcenorientierten) Gemeinwesenarbeit und Streetwork, aber auch von Erfahrungen der Organisations- und Personalentwicklung gelernt werden.
[29] Insofern sich die Kultur immer rascher wandelt, muss auch mit Verschiebungen in der Milieulandschaft gerechnet werden. Dafür sensibel zu bleiben ist auch eine Aufgabe pastoraler Selbst- und Fortbildung.
[30] Milieuanbiederung ist eine erfolgreiche Anleitung zur Überforderung und damit zum unnötigen, weil selbst verschuldeten Misserfolg und zur Depression.

[31] Meine Erfahrung lehrt: Milieusensibilisierung und Milieudifferenzierung sind nicht per se integrations- und communiofeindlich. Wie schon häufig in der Kirchengeschichte ist auch hier Differenzierung das Geheimnis von Integration und Voraussetzung von Wachstum.